성공으로 이끌어주는 특별한 에너지

대한민국 20대, 열정에 미쳐라

대한민국 20대, 열정에 미쳐라

초판 1쇄 인쇄 2007년 3월 23일
초판 1쇄 발행 2007년 3월 30일

지은이 김태광
펴낸이 한익수
펴낸곳 도서출판 큰나무
등록번호 제5-396호
등록일자 1993년 11월 30일
주소 서울시 서대문구 충정로 3가 3-95 2층
대표전화 (02) 365-1845~6
팩스 (02) 365-1847
이메일 btreepub@chol.com
홈페이지 www.bigtreepub.co.kr

ISBN 978-89-7891-232-x 03320

값 10,000원
*잘못 만들어진 책은 교환해 드립니다.

성공으로 이끌어주는 특별한 에너지

대한민국 20대, 열정에 미쳐라

김태광 지음

■들어가는 말

　우리는 대학졸업 후 대부분 비슷한 위치에서 사회생활을 시작한다. 모두들 비슷한 수준의 학교를 나와 비슷한 사람들을 만나 인맥을 형성하게 마련이다. 그런데 5년이 지나고 10년이 지나면서 서로 간의 격차는 현저하게 벌어지게 된다. 학창시절 성적이 바닥이었던 친구들이 자기 사업으로 여유로운 생활을 하고 줄곧 장학금을 놓치지 않던 친구들은 월급쟁이 생활을 하고 있다. 오랜만에 나간 동창회에서 만난 친구들의 달라진 모습을 볼 때 자신도 모르게 위기의식을 느끼게 마련이다.
　과연 무엇 때문에 이처럼 서로 간의 격차가 벌어지게 되는 것일까? 왜 자신이 생각했던 꿈과 멀어지게 되는 것일까? 왜 학창 시절 나보다 더 못난 친구가 나를 뛰어넘어 승승장구하는 걸까? 왜 나만 불행이 겹치고 그에게는 행운만 찾아드는 걸까?

그것은 다름 아닌 삶이라는 캔버스에 밑그림을 그리고 채색하는 어떤 힘이 있기 때문이다. 그것을 꾸준히 성장시키고 잘 관리할 수 있을 때 비로소 자신이 꿈꾸는 밑그림을 그릴 수 있다. 그리고 그 어떤 힘은 바로 '열정' 이다.

국어사전에 보면 열정은 '어떤 일에 열렬한 애정을 가지고 열중하는 마음' 이라고 나와 있다. 열정이 없다면 어떤 계획이나 목표도 이룰 수 없다. 도중에 작은 시련에도 굴복하고 포기해버리기 때문이다.

성공의 계단을 오르는 많은 사람들이 있다. 그러나 그들 중 대다수가 성공이라는 정상에 닿지 못한다. 그들에게는 성공으로 향하는 엔진을 움직일 충분한 열정이 없기 때문이다. 단지 성공에 대한 욕심만 가득하다.

모든 사람의 가슴속에는 성공 씨앗이 감춰져 있다. 이 씨앗은 관심을 기울이지 않으면 잎을 틔우지 않는다. 나는 성공의 씨앗을 성장시키는 힘은 열정이라고 생각한다. 열정은 자신이 하고 싶고 되고 싶은 사람이 되도록 밀어주고 이끌어준다. 혹 성공을 향한 진군을 방해하는 걸림돌이 있더라도 아무런 문제가 되지 않는다. 오히려 걸림돌을 디딤돌로 활용해 진군을 돕게 하기 때문이다.

피터 드러커는 "열정을 갖고 하나만을 억척스럽게 물고 늘어지는 사람만이 어떠한 일이든 성취해낼 수 있다"고 말했다. 열정은 막힌 길에서 아이디어를 생산해내고, 고통과 슬픔을 치유해준다. 열정이 우리에게 안겨주는 최대의 선물은 바로 포기를 잊게 해준다는 것이다. 때문에 열정적으로 생각하고, 말하고, 행동하는 사람은 자신이 원하는 바를 이루기 전까지 절대 포기하지 않는다.

월마트 설립자 샘 월튼은 여러 면에서 비범한 사람이었다. 무엇보다 그가 비범한 것은, 지칠 줄 모르는 열정을 가지고 있었다는 것이다. 그는 남들이 보기에도 살인적인 스케줄로 미국 전역의 상점들을 돌아다녔다. 그 일은 보통 사람에게는 불가능하다고 할 정도의 강한 체력을 요구하는 일이었다. 그러나 그에게는 결코 힘든 일이 아니었다. 그는 누구보다 자신의 일을 사랑하고 있었고 열정을 갖고 있었기 때문이다. 그는 죽기 바로 몇 주 전까지도 자가용 비행기를 몰아 전국의 상점을 돌아보았다.

만일 그가 자신의 일을 진정으로 사랑하지 않았더라면 오늘날 그는 있지 않을 것이다. 평범한 사람들처럼 그저 그렇게 한 평생 살다 갔을 것이다. 하지만 그는 누구보다 가슴속에 뜨거운 열정이 가득 차 있었다. 그 열정이 그에게는 성장 에너지가 되어주었던 것이다.

수많은 성공자들은 하나같이 열정을 가지라고 말한다. 우리는 그들의 소중한 조언을 한쪽 귀로 흘려보내선 안 된다. 그들을 성공으로 이끌어주었던 것이 바로 열정이었기 때문이다.

세상에서 가장 전염성이 강한 것이 바로 열정이다. 따라서 내가 한 가지 일에 푹 빠져있다면 가장 먼저 가까운 이들이 눈치 챌 것이다. 그리고 그들은 할 수 있는 한 나에게 아낌없는 조언과 지지를 보낼 것이다.

열정이 없는 것은 전기가 흐르지 않는 전자제품과 같다. 아무리 기능이 우수한 제품이라고 해도 전기가 없으면 무용지물일 수밖에 없다.

지금 이 순간을 헛되지 않고 생산적으로 살 수 있게 해주는 힘은 뜨거운 열정임을 잊지 말아야 한다. 그동안 내가 만난 사람들 가운데 열정이 가득 차 있는 사람들이야말로 가장 아름답고 인간적이었다. 또 내가 닮고 싶은 사람이기도 했다.

열정은 자신이 좋아하는 일에 푹 빠진다면 절로 샘솟는다. 그 열정은 나를 넘어서 꿈을 갈망하는 타인에게까지 소중하게 전해질 것이다.

2007년 봄
김태광

CONTENTS

들어가는 말 • 4

큰 꿈은 큰 사람이 되게 한다

자신을 아낌없이 사랑하라 • 14
- 세상에서 가장 값비싼 보석은 자기 자신이다

성공자의 자화상을 그려라 • 19
- 나에게 가장 힘이 되어주는 동반자

자기 발견의 기회, 휴식을 가져라 • 24
- 자아와 뜻 깊은 데이트를 즐겨보자

스스로 가치를 높여라 • 30
- 내 가치는 내가 결정 한다

나만의 특별한 재능 찾기 • 35
- 노력은 재능에 날개를 달아준다

큰 꿈은 큰 사람이 되게 한다 • 41
- 자신에게 값비싼 가격표를 붙여라

믿음은 생산적인 삶을 살게 한다 • 46
- 다른 사람의 모습에 비춰 나를 바라보라

한계를 뛰어 넘어

상대방을 타인과 비교하지 마라 • 52
- 있는 그대로의 자신을 인정하라

약점 속에 숨어 있는 성공 씨앗 • 58
- 단점을 장점으로 전환하라

자신의 내면으로 여행을 떠나라 • 63
- 고독을 성장의 기회로 삼아라

긍정적인 말의 힘 • 68
- 절대 부정적인 말을 하지 말라

3% 성공자들의 성공 포인트 • 73
- 해뜨기 직전이 가장 어두운 법이다

마음의 힘 • 80
- 위기 속에서 희망의 씨앗을 발견하라

창의적인 사람이 되어라 • 87
- 자신만의 독특한 생각으로 새로운 길을 모색하라

삶이 행복해지는 다섯 가지 비결 • 93
- 장미 한 송이, 물 한 모금에서 행복을 찾아라

스스로 한계를 정하지 마라 • 99
- 한계를 정하는 사람은 자기 자신이다

에너지 버스를 타라

성공코드, 호기심을 훔쳐라 • 106
- 호기심으로 성공의 문을 열어라

낙관주의자 vs 비관주의자 • 111
- 성공으로 나아가게 하는 힘, 낙관주의

인생의 지도와 나침반을 챙겨라 • 116
- '이렇게 살아선 안 되는데……'
  라는 생각이 들 때 떠나라

내 인생의 워크북을 만들어라 • 120
- 에너지를 끊임없이 충전하라

시간을 생산적으로 활용하라 • 126
- 좋아하는 일에 시간을 소비하라

콘돌리자 라이스의 비전 • 131
- 평범함 속에서 비전을 찾아라

성공한 사람들에게서 배워라 • 134
- 성공한 사람들이 나를 돕도록 하라

자신의 무한한 능력을 발견하라 • 140
- 내면에 잠들어 있는 거인을 깨워라

뜨거운 열정에 미쳐라

성공의 비밀은 끈기 • 146
- 거북이에게서 끈기를 배워라

40%의 걱정을 극복하라 • 150
- 일어나지 않을 걱정거리를 떨쳐버리자

자기계발을 하는 이유를 찾아라 • 156
- 더 나은 미래를 예약하라

성공적인 삶을 사는 비결 • 160
- 좋아하는 일 속에서 성취와 기쁨을 느껴라

자신에게 맞는 일을 하라 • 165
- 마음의 신호에 따라 결정하라

상대를 내편으로 만드는 기술 • 170
- 따뜻한 관심으로 마음의 문을 열어라

성공 씨앗 • 174
- 나만의 역할을 찾아라

스스로 알을 깨고 나와라

시련을 기회로 역이용하라 • 178
– 알을 빠져나와 창공을 날아라

성공 키워드 • 183
– 나에게 쏟아지는 비방을 디딤판으로 이용하라

반드시 정복해야할 다섯 가지 • 186
– 자기감정, 건강, 인간관계, 경제력, 시간을 정복하라

에디슨에게 배우는 열정 • 191
– 가장 큰 파산은 열정을 잃어버린 것이다

희망을 품고 꿈을 향해 쏴라 • 196
– 반드시 꿈은 이루어진다

시련과 친해져라 • 200
– 시련은 기회와 함께 다가온다

성공자들의 메모 • 204
– 생각에 뼈와 살을 붙여라

PART 1

큰 꿈은
큰 사람이
되게 한다

자신을 아낌없이 사랑하라
• 세상에서 가장 값비싼 보석은 자기 자신이다

성공된 삶을 살기 위해서는 가장 먼저 자신을 사랑해야 한다. 자기 자신을 함부로 여기고 사랑하지 않는다면 다른 사람들도 똑같이 대할 것이다. 자신을 사랑하기 위해선 자신이 세상에서 가장 소중한 존재라는 것을 인식해야 한다.

자신을 사랑하는데 있어 꼭 필요한 것은 자신에 대한 관용심이다. 사람은 누구나 실수하고 잘못을 저지르며 살아가게 마련이다. 그렇기에 관용심이 없다면 실수나 잘못을 했을 때 스스로 자신에 대해 화를 내고 원망할 것이다. 이런 일이 잦으면 자신감이 약해져 타인과 세상에 대한 두려움으로 가득 차게 된다.

그러나 관용심이 있다면 화를 내거나 원망하기보다 스스로를 용서한다. 또한 자신의 부족한 점을 채우거나 결점을 개선할 방안을 모색할 것이다. 때문에 관용심은 단순히 실수나 잘못에 대해 용서해주는 차원이 아닌 스스로를 이해하고 감싸안아주는 넉넉한 사랑이다.

성공학의 거장 데일 카네기는 말했다.

"자기를 사랑하는 법을 배우기 위해서는 자기의 결점에 대한 관용심을 기르지 않으면 안 된다. 그렇다고 자기 인생의 기준을 낮춘다든가, 최선의 노력을 게을리 해도 좋다는 말은 아니다.

단지, 우리들 자신을 포함하여 누구든 100% 훌륭할 수는 없다는 점을 이해하는 것이다. 물론 타인에게도 100%의 인격을 기대하지 말아야 한다. 또한, 자기에게 그것을 기대함도 매우 부당한 일이다."

자신을 사랑하는 일, 남을 사랑하는 일 모두 값지고 소중하다. 그러나 그 사랑 안에 잘못을 용서하고 이해하는 따뜻한 마음이 담겨 있어야 한다. 만약 그러한 마음이 결핍되어 있다면 빈껍데기에 지나지 않는다. 진정한 사랑은 모든 것을 이해하고 수용하는 아침 햇살 같은 포근함을 지니고 있다.

에리히 프롬의 말이다.

"성숙한 사랑은 내가 너를 사랑하기 때문에 나는 너를 필요로 힌다."

사람들은 필요성 때문에 결코 누군가를 만나고 사랑하지 않는다. '그냥 그 사람이 편안해서', '그냥 좋아서', '그냥 보고 싶어서' 만나고 사랑하게 되는 것이다. '그냥'이라는 단어 속에는 어떤 기대감이나 필요성도 찾아볼 수 없다. 그저 좋아하기 때문에, 사랑하기 때문에 상대방을 필요로 하는 것이다.

반면, 어떤 목적이나 필요성에 의해 누군가를 좋아하고 사랑한다면 어떨까? 처음에는 별 뜻 없이 만나겠지만 차츰 시간이 지나면서 서로 부담을 느낄 것이다. 그러다 결국 두 사람이 등을 돌린 채 가슴에 원망을 쌓을 것은 불 보듯 뻔하다.

세상에서 가장 소중한 존재는 바로 자기 자신이다. 따라서 먼저 자기 자신을 사랑해야 한다. 내가 살아 숨 쉬고 행동할 때 세상도 함께 존재하기 때문이다. 자신이 바로 서지 못하고 흔들린다면 세상도 그 못지않게 혼란스럽게 느껴질 것이다.

자신을 사랑한다면 타인에게 도움을 바래선 안 된다. 이는 자신의 희망을 꺾는 일과 같다. 시련이 닥쳤다고 해서 타인의 도움을 받는다면 스스로 높은 창공을 날 수 있는 날개를 잘라버리는 것과 다르지 않다.

이 말에 이렇게 반문하는 사람도 있을 것이다.

"혼자 힘으로 어떻게 해볼 수 없는 상황에도 손 놓고 있으란 말인가?"

하지만 어떤 극한 상황이라도 이 세상에 자신 밖에 없다고 생각하고 어떻게든 혼자 힘으로 일어나야 한다. 인간의 가슴속에는 어떤 어려움이든 해결할 수 있는 의지가 숨어 있다는 것을 잊어선 안 된다. 의지를 꺼내 쓰지 않고 그대로 방치해둔다면 우리

몸의 쓰지 않는 근육이 줄어듦과 같이 힘을 잃게 된다. 때문에 타인에게 도움을 바라기보다 자신의 가슴속에 들어 있는 의지를 꺼내는 것이 중요하다.

내 친구들 중에 유독 자부심이 낮은 친구가 있다. 그 친구의 얼굴은 항상 우울하고 슬픈 표정을 하고 있다. 이제 그 친구의 슬픈 표정은 그의 이미지가 되고 말았다.

그 친구의 낮은 자부심은 자신을 사랑하는 마음의 결핍으로 인한 것이다. 그는 백화점에서 옷을 고를 때 자신이 원하는 옷이 아닌 주로 점원이 권해주는 옷을 고른다. 그러다보니 결국 취향이 맞지 않거나 색상이 마음에 들지 않는 옷이 허다하다.

또, 누군가와 식사를 할 때도 자신이 좋아하는 음식은 따로 있지만 맞은편에 앉은 사람의 식성대로 함께 주문한다. 나는 여태껏 그 친구가 어디에서건 스스로 선택하고 결정을 내리는 모습을 보지 못했다. 늘 다른 누군가가 그를 대신해서 선택하고 결정을 내렸다. 때문에 그는 타인들에게 소중한 존재로 생각되기보다 들러리라는 이미지로 굳혀지게 되었다.

사람만큼 습관에 익숙한 존재도 없다. 처음에는 대수롭지 않게 여겨지던 일들도 한두 번 반복하다보면 어느새 습관이 된다. 그 친구도 처음에는 스스로 판단하고 결정을 내리는 일이 힘들었을 것이다. 그러다 다른 누군가에게 그 결정권을 넘겼고 급기야 지금은 자부심까지 잃고 말았다.

누군가에게 사랑 받고 싶다면 자기 자신을 사랑해야 한다. 자신을 귀하게 여기는 사람에게는 그 누구도 함부로 하지 못한다. 자신을 지키는 가장 든든한 방법은 자신을 아낌없이 사랑하는 것이다. 또한 어떤 실수나 잘못을 하더라도 너그러운 마음으로 자신을 이해하고 감싸 안는 넉넉한 마음을 갖자.

성공자의 자화상을 그려라

• 나에게 가장 힘이 되어주는 동반자

우리는 매일 인생이라는 캔버스에 미래의 자화상을 그리며 살아간다. 어떤 사람은 밝고 환한 미래를, 또 다른 사람은 어둡고 침울한 미래를 그릴 것이다. 중요한 것은 지금 현재 그리고 있는 자화상과 미래가 서로 연결되어 있다는 점이다.

지금껏 성공한 사람들의 모습을 비추어본다면 자화상과 미래는 결코 떨어져 있지 않다는 것을 알 수 있다. 행복한 자화상을 그린 사람은 행복한 미래를 맞이했다. 반대로 실패한 자화상을 그린 사람은 자연히 불행한 미래를 맞았다. 행복한 미래와 불행한 미래, 모두 현재 자신이 그리는 자화상에 달려 있다.

모든 일은 마음먹기에 달렸다. 미국의 위대한 심리학자 윌리엄 제임스는 '할 수 있다고 생각하면 반드시 할 수 있다'고 말했다. 그렇다. 우리가 마음먹은 일 중에 해내지 못한 일은 거의 없다. 거꾸로 생각해보면 그동안 우리가 해낸 일은 우리가 '할 수 있다'고 믿고 행동했기 때문에 해낼 수 있었던 것이다.

한 유명한 수학자에 관한 일화이다.
미국 스탠포드 대학교 4학년 수학시험 시간이었다. 그날따라 늦잠을 잔 그는 수학시험 시간에 지각을 하게 되었다. 부랴부랴 시험장에 들어가 교수에게 사정해서 가까스로 시험지를 받아 쥐었다. 급히 뛰어왔던 터라 차분한 마음은 아니었지만 최선을 다해 시험지의 문제에 대한 답을 적었다.
그런데 시험지의 문제를 다 풀고 나니 칠판에 또 다른 시험문제 두 개가 적혀있었다. 하는 수 없이 칠판의 시험문제를 풀기 시작했다. 그러나 칠판의 문제는 어찌나 어려운지 도저히 풀 수가 없었다. 그래서 교수에게 다가가 이 두 문제는 집에 가서 풀어오면 안 되냐고 사정했다. 웬일인지 교수는 쾌히 승낙하는 것이었다.
시험문제를 들고 집에 온 그는 3일간을 시험문제와 시름했다. 그러나 아무리 생각해보아도 간신히 한 문제만 풀 수 있을 뿐이었다. 항상 수학에 자신감이 차 있었기 때문에 이처럼 힘든 내색을 하는 것은 처음이었다. 결국 나머지 한 문제는 풀지 못한 채 교수를 찾아가 말했다.
"교수님, 한 문제는 도저히 제 힘으로 풀지 못하겠습니다."

그러자 교수는 껄껄 웃으면서 말했다.

"그래? 그래도 자네가 수학에서는 뛰어난 실력을 지녔네. 사실 그 두 문제는 아인슈타인이라도 잘 풀지 못하는 문제이니까. 하지만 이런 문제도 있다는 것을 학생들에게 가르쳐주기 위해 시험에 냈을 뿐이야. 물론 그동안 한 문제라도 푼 학생은 없었지만……."

그 후 그는 어떤 어려움이 있어도 반드시 해결할 수 있다는 믿음을 가지게 되었다.

만일 그가 수학문제가 어렵다고만 생각했다면 결코 한 문제도 풀 수 없었을 것이다. '나는 풀 수 없어' 하고 생각하는 순간 마음은 부정적인 생각의 지배를 받기 때문이다. 하지만 그는 오로지 할 수 있다는 신념 하나로 문제와 씨름했고, 결국 그동안 아무도 풀지 못했던 문제 중의 한 문제를 풀 수 있었던 것이다.

이 일은 그에게 세상의 어떤 일이든 마음먹기에 달렸다는 것을 깨닫게 해주었다. 그는 어떤 어려운 일과 마주칠 때마다 할 수 있다는 생각을 가졌을 것이다. 결국 그는 작은 시련에도 쉽게 포기해버리는 보통 사람과는 달리 운명을 지배하는 사람이 될 수 있었다.

인생을 살아감에 있어 어떤 사고를 가지느냐는 참으로 중요하다. 평소 자신을 무능하고 보잘것없는 사람이라고 생각한다면 훗날 그는 자신이 그린 무능한 사람이 되어 있을 것이다. 그러나 자신을 누구보다 능력 있고 당당한 사람으로 여긴다면 성공자의 모습으로 살아갈 것이다.

평소 자신이 가지는 사고는 평소의 행동과 비례한다. 스스로를 부정적으로 생각하는 사람은 매사에 떳떳하지 못하다. 게다가 원하는 인생을 살기 위해 노력은커녕 물 흘러가는 대로 인생을 내버려둔다. 가꾸지 않는 화초가 시들듯이 인생도 마찬가지로 불행해지게 마련이다.

반면, 매사 긍정적이고 의욕에 찬 모습으로 꿈을 향해 나아가는 사람은 다르다. 말투와 걸음걸이만 봐도 그 사람이 얼마나 자신감에 차 있는지 알 수 있다. 누군가를 만나더라도 당당하다.

성공자의 자화상을 가지기 위해서는 노력이 필요하다. 먼저 나를 변화시켜야 한다. 그러기 위해선 마음속에 숨어 있는 부정적인 사고를 털어버려야 한다. 그 자리에 긍정적인 사고로 가득 채워야 한다. 긍정적인 사고는 에너지 증폭제와 같다. 때문에 긍정적인 사고만으로도 자신의 능력을 배가 시킬 수 있다.

우울한 얼굴 대신 밝고 쾌활한 표정을 지어보라. 적절한 옷차림, 청결함, 밝게 인사하는 것만으로도 성공자의 자화상을 가질 수 있다. 성공자의 자화상은 다른 사람들도 덩달아 자신감을 얻고 긍정적인 에너지를 불러일으킬 수 있도록 도와준다.

늘 긍정적인 사고로 밝게 행동하라. 밝게 행동할 때 어떤 우울한 생각도 마음속에 비집고 들어오지 못한다.

세상에는 데일 카네기, 헨리 포드, 워렌 버핏 등 수많은 성공자들이 있다. 이들 중 전설적인 투자의 귀재로 미국의 유명한 갑부

워렌 버핏은 전 재산의 85%인 370억 달러를 사회에 기부키로 해 세계인들을 놀라게 했다. 이들이 성공할 수 있었던 데는 성공자의 자화상 때문이었다.

당신도 성공자의 자화상을 가진 사람이 될 수 있다. 성공자의 자화상을 가진 사람은 세상에서 가장 멋진 사람이다. 비록 지금 현실은 가난하고 보잘것없지만 훗날 그 누구보다 크게 이룰 것이기 때문이다.

우리는 멋진 사람을 보면 이런 생각이 든다.

'저 사람을 보면 마치 좋은 일이 생길 것 같아', '나도 저 사람을 닮고 싶어'

마찬가지로 타인이 당신을 봤을 때도 이런 생각이 들 수 있어야 한다. 그래야 진정한 성공자의 자화상을 그린 것이다.

세상에 자신이 그리는 성공자의 자화상보다 더 힘이 되는 동반자는 없다는 것을 잊지 말자.

자기발견의 기회, 휴식을 가져라

• 자아와 뜻 깊은 데이트를 즐겨보자

　자동차를 점검하지 않고 계속 운행한다면 뜻하지 않은 순간에 멈춰 설 것이다. 달리다가 고장이 난다면 교통사고로 이어져 생명까지 위험해질 수도 있다. 자동차를 오래도록 잘 타려면 자주 점검을 해야 한다. 결함이 있는 부분은 그때그때 교체하고 수리해야 불행한 사고를 예방할 수 있다.

　마찬가지로 사람에게도 휴식이 필요하다. 휴식은 그동안 쉬지 않고 열심히 일한 자신에게 주어지는 보상과도 같다. 어떤 사람은 이렇게 말하는 사람도 있을 것이다.

　"지금 일하기도 모자란 형국에 휴식할 시간이 어디 있어?"

이렇게 반문하는 사람은 정말 쉴 새 없이 바쁜 사람이다. 물론 휴식 없이 계속 일만 한다면 그렇지 않은 사람보다 더 많은 일을 할 수 있다. 그러나 머지않아 몸에 이상이 생겨 오래도록 쉬어야 할지도 모른다. 만일 그렇게 된다면 그동안 쉬지 않고 일한 것은 오히려 독이 된 것이다. 오히려 처음부터 일과 휴식을 반복해서 했더라면 여유도 가지고 자신도 되돌아보는 시간을 가질 수 있었을 텐데 말이다.

어느 날 나무꾼 두 사람이 산으로 도끼를 들고 나무를 하러 갔다. 그 중에 한 나무꾼은 유독 욕심이 많고 경쟁심이 강해서 남에게 지고는 못사는 사람이었다. 다른 나무꾼은 늘 여유를 가지며 느긋하게 행동하는 사람이었다.

두 사람은 누가 나무를 많이 하나 내기를 하게 되었다. 한 나무꾼은 50분 일하고 10분을 쉬면서 나무를 했다. 욕심 많은 나무꾼은 쉬지도 않고 땀을 뻘뻘 흘리면서 나무를 했다. 욕심 많은 나무꾼은 마음속으로 자신이 나무를 더 많이 했을 거라고 생각했다.

어느덧 해가 서산으로 넘어가고 집으로 돌아갈 시간이 되었다. 두 사람은 누가 더 나무를 많이 했는지 살펴보았다.

잠시 후 욕심 많은 나무꾼은 깜짝 놀라고 말았다. 50분 일하고 10분 쉬면서 나무를 한 나무꾼이 더 많이 했기 때문이다. 욕심 많은 나무꾼은 은근히 속이 상해서 말했다.

"일은 쉬지 않고 내가 더 많이 했는데 자네가 더 많은 나무를 했군."

그러자 옆에 있던 나무꾼이 빙그레 웃으며 말했다.
"나는 10분 동안 쉬는 사이에 도끼날을 갈았다네."
"……."

욕심 많은 나무꾼은 쉬지 않고 일하는 동안 날이 무딘 도끼로 나무를 찍었다. 처음에는 나무를 많이 했을지 몰라도 시간이 지나면서 도끼날이 무뎌지는 만큼 일의 속도도 차츰 느려졌을 것이다.

반대로 10분 쉬는 동안 도끼날을 간 나무꾼은 처음부터 일정한 속도로 나무를 할 수 있었다. 또한 중간에 휴식을 취했기 때문에 그만큼 힘도 보충할 수 있었다. 결국 10분 휴식을 가지며 틈틈이 도끼날을 간 나무꾼이 내기에서 이길 수 있었다.

나무꾼처럼 당신도 휴식을 가져야 한다. 휴식을 가짐으로써 그동안 소진한 에너지를 보충하며 쉬지 않고 달려온 길을 되돌아봐야 한다. 휴식이라고 해서 단순히 아무것도 하지 않고 멍하니 있는 것이라고 생각해선 안 된다. 휴식은 자기 발견을 하는 기회이기 때문이다. 자신의 분야에서 괄목할만한 성공을 이룬 사람들은 대부분 자기 발견의 시간 즉 '휴식'을 가졌다. 아무리 바쁜 일이 있어도 꼭 휴식만큼은 양보하지 않았다.

사람들은 휴식을 취하기 위해 도시를 벗어난다. '빽빽한 빌딩숲', '매연에 혼탁한 공기', '끊이지 않는 경적소리'는 지친 심신을 더 지치게 만들기에 안성맞춤이다.

하지만 무조건 도시를 벗어난다고 해서 진정한 휴식을 취할 수 있는 것은 아니다. 진정한 휴식이란 자기를 찾아 떠나는 여행, 즉 자기 발견의 시간이기 때문이다.

우리는 책이나 명상 혹은 자연 속에서 뜻 깊은 휴식을 취할 수 있다. 자신이 좋아하는 작가의 책을 보거나 그동안 읽고 싶었던 책을 보는 것도 좋다. 가벼운 명상도 많은 도움이 된다. 중요한 것은 꿈과 목표, 경쟁과 같은 바쁜 일상을 잠시 내려놓고 자기 자신과 만나는 것이다.

이 글을 쓰고 있는 나 역시 그동안 앞만 향해 질주하는 경주용 자동차처럼 달려왔다. 늘 앞만 보고 달려왔기에 주변을 바라볼 여유가 없었다. 뒤늦은 지금에서야 휴식을 취하면서 깨닫는다. 목표를 향해 달려왔다기보다 욕심에 쫓기듯 살았다는 것을.

여유가 없이 일에 파묻혀 사는 사람에게는 사람 냄새가 없다. 그만큼 사람과의 관계가 단절되었다는 뜻이다. 물론 누군가를 사랑하거나 그리워하는 마음도 느낄 수 없을 것이다.

어느 시인은 이렇게 노래했다.
"사람과 사람 사이에 섬이 있다. 나는 그 섬에 가고 싶다."
가슴속에 정과 사랑이 담겨 있어야 진정한 인간이라고 할 수 있다. 그러나 가슴속에 정과 사랑이 담겨 있는 사람이 과연 얼마나 될까? 그만큼 우리는 기계화되어 가고 있다. 나보다 상대방을 생각하고 배려하기보다 오로지 '나'만 잘되면 된다는 생각이 팽배해져 있다.

또한 그러다보니 성향이 그만큼 이기적이고 폭력적으로 바뀌

없다. 차를 운전하는 사람은 알 것이다. 차를 몰고 도로에 나서면 모두들 얼굴에 보이지 않는 흉측한 가면을 쓰고 있다는 것을. 그래서 누군가 새치기를 하거나 신호가 바뀌었는데도 빨리 출발하지 않으면 잔뜩 인상을 쓴 채 경적을 울려댄다. 심지어 삿대질이나 욕설을 퍼붓는 사람도 있다.

우리의 마음이 폭력적이라는 것은 그만큼 여유와 휴식이 필요하다는 신호이다. 이때 충분한 휴식을 가지지 않는다면 마음은 말할 것도 없고 몸도 망가지게 된다. 반면 휴식을 가진다면 소진되었던 열정이 샘솟는다. 막 튜닝을 마친 자동차처럼 목표를 향해 자신의 능력을 200% 활용할 수 있게 된다.

성경에 보면 '하늘과 땅과 바다와 그 가운데 있는 모든 것을 만들고 7일째 되는 날에는 쉬었다' 라고 적혀 있다. 이는 쉬는 것도 창조의 한 과정으로 본 것이다. 기계도 쉬지 않고 계속 가동하면 고장이 나는데 하물며 우리 몸은 오죽할까. 더 많은 창조를 하기 위해서는 반드시 쉬어야 하는 이유가 여기에 있는 것이다.

채근담에는 마음을 보는 세 가지 방법이 나온다.

"조용한 가운데 정신이 맑아지면 마음의 참된 모습을 보게 되고, 한 가운데 기상이 차분해지면 마음의 참된 작용을 알게 되며, 평온한 가운데 정취가 담백해지면 마음의 참 맛을 깨닫게 된다. 마음을 보고 도를 깨닫는데 이 세 가지가 가장 좋은 방법이다."

정신없이 앞만 보고 달리는 우리에게 생명수와 같은 말이다. 이젠 잠시 바쁜 일상을 내려놓고 진정한 휴식을 즐겨보자. 무언가에 쫓기듯 살아온 자신을 벗어버리고 자아와 뜻 깊은 데이트를 즐겨보자. 그러면 그동안 잊고 있었던 삶이 주는 진정한 기쁨과 행복을 느낄 수 있을 테니까.

스스로 가치를 높여라

• 내 가치는 내가 결정 한다

스스로를 어떻게 생각하느냐에 따라 자신의 가치가 달라진다. 어떤 이는 타인에게 사랑과 존중을 받고 또 어떤 이는 천대와 멸시를 받는다. 두 사람을 대하는 타인들의 태도 차이는 그 누구도 아닌 바로 자신에 의한 것이다.

평소 자신을 소중하게 여기는 사람은 분명 타인들에게도 존중을 받게 마련이다. 반면, 하찮게 여기는 사람은 타인들도 하찮게 여기게 된다. 이는 자신의 가치를 스스로 하찮은 존재로 여겼기 때문이다.

사람들에게 존중받는 사람과 그렇지 않은 사람들을 비교하면 그 차이점을 분명히 알 수 있다. 전자는 말투와 행동, 습관등에 자신을 사랑하는 마음이 담겨 있다.

그러나 후자는 평소 자신을 하찮게 생각하는 경향이 짙다. 때문에 그의 말투와 행동, 습관을 통해 스스로를 함부로 생각한다. 이런 사람을 귀하게 생각하거나 존중하는 사람은 없다.

동료들에게 따돌림을 당하던 제자가 있었다. 실의에 빠진 그는 어느 날 스승을 찾아갔다.

"스승님! 저는 견딜 수가 없습니다. 동료들이 저를 따돌리는데, 아무래도 저는 너무나 보잘것없는 존재인 모양입니다. 죽고 싶습니다."

가만히 듣고 있던 스승은 벽장 속에서 무언가를 꺼냈다. 그것은 다름 아닌 주먹만 한 돌이었다.

스승은 제자에게 돌을 건네주며 말했다.

"지금 당장 시장에 가서 여러 사람들에게 이 돌의 가치를 물어보고 오너라."

스승의 말이 끝남과 동시에 제자는 시장으로 달려갔다. 그리고 제일 먼저 채소장수에게 물었다.

채소장수가 화난 투로 말했다.

"아니, 지금 나랑 장난하자는 거요? 돌덩이가 무슨 가치가 있다고!"

그 다음은 정육점에 갔다. 정육점 주인은 찬찬히 돌을 살펴보며 말했다.

"보기에 보통 돌은 아닌 것 같은데……. 돼지고기 두 근 값은 쳐 주겠소."

이번에는 생선가게에 갔다. 생선가게 주인은 돌 수집가였다. 그는 관심을 띠며 말했다.

"그동안 내가 수집한 돌들 중에 이런 모양을 하고 있는 돌은 없소. 나에게 이 돌을 준다면 생선 한 궤짝을 주겠소."

제자는 마지막으로 보석가게에 갔다. 그가 보자기에 싼 돌을 올려놓자 보석상 주인은 무관심한 표정으로 쳐다보았다. 그러다 보석상 주인은 휘둥그레진 눈으로 다시 세세하게 돌을 살펴보았다. 잠시 후 보석가게 주인은 떨리는 목소리로 말했다.

"당신이 받고 싶은 액수가 얼마입니까? 부르는 대로 주겠소."

보석가게 주인은 덧붙여 말했다.

"이 돌은 그냥 돌이 아닙니다. 가격을 책정할 수 없을 만큼 희귀한 보석이요. 한 마디로 부르는 게 값인 보석입니다."

제자는 돌을 팔라는 보석가게의 간곡한 부탁을 뿌리치고 다시 스승이 있는 곳으로 돌아갔다.

스승은 웃으며 제자에게 말했다.

"보아라! 네 동료들이 너를 돼지고기 두 근이나, 생선 한 궤짝 아니면 하찮은 돌덩이 취급을 한다고 해도 너의 가치는 네가 값을 매기는 그대로다. 자, 너는 너 자신의 가치를 얼마로 생각하겠느냐?"

제자는 그동안 자신의 가치를 평범한 돌로 생각했다. 그래서 다른 동료들은 돌에 발길질을 하듯이 그를 따돌리거나 무시했던 것이다. 엄밀히 따지고 보면 동료들을 탓하기 전에 자신의 가치를 하찮게 생각한 자신의 잘못이 크다. 처음부터 자신을 소중하고 귀하게 생각했더라면 동료들도 그에 맞게 대했을 것이기 때문이다.

스스로 자신의 가치를 높여야 한다. 내가 나 자신을 인정하고 존중하는 만큼 다른 사람들도 나를 인정하고 존중해준다.

집이나 직장, 학교에서 구성원들에게 무시를 당하는 사람들이 있다. 세밀하게 관찰해보면 그들의 언행에서 얼마나 스스로를 하찮게 생각하고 있는지, 다른 이들도 똑같이 그들을 대한다는 것을 알 수 있다.

다른 사람들에게 존중받기 위해선 스스로 달라져야 한다. 먼저 자기 자신이 세상에서 가장 소중한 사람이라는 것을 인식해야 한다. 비록 지금 현실이 초라할지라도 자신을 하찮게 생각해선 안 된다. 나를 사랑하는 부모님이 있다는 것과 이 세상에 나와 똑같은 사람은 단 한 사람도 없다는 것만으로도 당신은 너무도 소중한 사람이기 때문이다. 무엇보다 여러분의 가치는 말로 표현할 수 없을 만큼 크고 높다.

이제부터 누군가 자기 자신을 무시하더라도 결코 기죽지 말자. 오히려 그들에게 큰 소리로 이렇게 말해보자.

"나는 당신이 함부로 대해도 되는 그런 하찮은 사람이 아니야. 내 가치는 내가 결정해."

이렇게 말함으로써 스스로 자신의 가치가 높아졌다는 기분을 느낄 수 있을 것이다.

나의 가치는 내가 결정한다는 것을 잊지 말자. 당신의 가슴속에는 누구에게도 없는 원대한 꿈과 목표, 열정이 숨어 있다. 무엇보다 이 세상의 주인은 당신이다.

나만의 특별한 재능 찾기

• 노력은 재능에 날개를 달아준다

'나는 잘 하는 게 아무것도 없어'

이렇게 생각하는 사람이 있다. 친구나 직장 동료들은 하나 같이 자신의 능력을 펼치는데 자신만 무능력하게 느껴질 때 이런 생각이 들게 마련이다.

사람은 모두 특별한 재능을 한 가지씩 갖고 태어난다. 다만 사람에 따라 자신의 재능을 일찍 깨닫는 사람이 있는 반면 늦게 깨닫는 사람도 있는 것이다. 재능을 아직 발견하지 못했다고 해서 자신에게 재능이 없다고 판단하는 것은 어리석은 일이다.

사람에 따라 주어진 재능도 다양하다. 글을 잘 쓰는 사람, 그림을 잘 그리는 사람, 노래를 잘 하는 사람, 춤을 잘 추는 사람 등 ……. 중요한 것은 자신이 다른 사람보다 잘 하는 한 가지가 있다는 것이다. 이는 자신이 가장 잘 할 수 있다는 뜻이다. 하지만 간과해선 안 되는 것은 그 재능을 계발하기 위해선 끊임없이 배우고 노력해야 한다는 것이다.

에디슨은 "천재는 1% 영감과 99%의 노력으로 이루어진다"고 말했다. 아무리 재능이 있다 하더라도 꾸준한 노력이 뒷받침되지 않으면 재능은 녹슬고 만다. 기계도 조이고 닦지 않으면 녹이 슬고 고장 나게 마련이다.

가수 보아는 초등학교 때부터 자신의 재능을 발견할 수 있었다. 그것은 다름 아닌 노래였다. 그때부터 꾸준한 노력을 기울였고 SM엔터테인먼트를 통해 유명 가수가 될 수 있었다. 프로그래머 임요환은 매일 피시방에 살다시피 했다. 그는 처음부터 프로그래머가 되려고 마음먹었던 것은 아니었다. 그냥 폭발적으로 인기를 끌었던 스타크래프트가 좋아서 게임에 푹 빠져 있던 중에 매니저인 김양중 씨를 만나게 되었다. 김양중 씨는 임요환에게 1998년 SBS에서 개최한 멀티게임챔피언십에 출전해보라고 권유했다. 임요환은 그의 권유에 못 이겨 출전하게 되었고 대회 1위를 했다. 그럼으로써 자연스레 프로그래머가 되는 발판을 마련했던 것이다.

보아와 임요환이 성공할 수 있었던 데는 자신의 재능에만 의지하지 않았기 때문이다. 오히려 재미에 푹 빠져 노력을 기울이다 보니 뜻하지 않은 황금 같은 기회가 찾아왔던 것이다.

성공한 사람들 가운데 대부분이 자신의 재능을 발견한 사람들이다. 그들이 남들보다 재능을 일찍 발견할 수 있었던 것은 자신이 좋아하는 일에 푹 빠졌기 때문이다. 사람은 누구나 자신이 좋아하는 일을 할 때 그 일에 몰두하게 된다. 몰두하다보니 그 일의 세세한 부분까지 파악하게 되고 그 일의 장단점을 통해 재능을 깨닫게 되는 것이다.

잭슨 브라운은 말했다.
"뛰어난 재능은 결코 우연히 얻어지는 것이 아니다."
사과가 나무에서 떨어지듯 쉽게 얻는 것은 재능이라고 할 수 없다. 어느 시점까지 재능은 자신의 가슴속 깊이 잠들어 있다. 그러다 어떤 한 가지 일에 매진할 때 스파크가 일듯이 번쩍하고 잠에서 깨어나게 된다. 따라서 자신의 재능을 발견하거나 깨닫기 위해선 먼저 자신이 푹 빠질 수 있는 일을 해야 한다.
'미쳐야 미친다' 는 말이 있다. 그렇듯이 지금 하고 있는 일에 미치지 않고서 재능을 발견하기를 바라는 것은 나무 아래서 열매가 떨어지기를 기다리는 것과 같다.

사람들마다 자신만의 재능을 발견하는 방법은 다양하다. 일을 하는 가운데 재능을 발견하기도 하고, 책이나 다른 사람의 경험담을 통해서, 그리고 실패를 통해서도 자신의 재능을 발견한다.

다음은 내가 알고 있는 재능을 발견하는 네 가지 방법을 소개하겠다.

1. 평소 동경하던 일이 무엇인지 찾아보라

누구나 별다른 이유 없이 싫어지는 일이 있다. 반면, 어떤 일은 이상하게 더 끌리게 마련이다. 예를 들어 여러분이 글을 쓰는 일이 지겹기보다 즐겁다면 글 쓰는 능력이 발달되어 있다고 생각할 수 있다.

한 가지 일을 오랫동안 동경했다면 누구보다 잘 할 수 있다는 자신감이 가득하다. 이는 대뇌의 생물학적 구조가 그 분야의 일을 잘할 수 있도록 발달되어 있기 때문이다.

2. 특별히 배운 적이 없거나 큰 노력을 기울이지 않고도 쉽게 이뤄냈던 일이 무엇인지 생각해보라

나는 그동안 누군가에게 특별히 글 쓰는 방법에 관한 수업을 들은 적이 없다. 하지만 내가 좋아하는 시인과 작가의 작품을 읽으며 습작을 하는 것이 그 어떤 일보다 즐겁고 행복했다. 그러던 중에 나에게 글 쓰는 재능이 있다는 것을 깨달았다.

그동안 자신이 해왔던 일 중에 유난히 학습속도가 **빠른** 것이 있을 것이다. 그 일에 관심을 기울일 필요가 있다. 분명 그 일은 자신의 재능과 관련이 있기 때문이다.

3. 푹 빠져 시간 가는 줄 몰랐던 일이 무엇인지 찾아보라

어떤 일을 할 때 '좀더 자세하게 배우고 싶다', '벌써 시간이 이렇게나 되었네' 이런 생각이 든 적이 있을 것이다. 대충하는 사람도 어떤 일만큼은 욕심이 나고 더 잘하기 위해 고민했을 것이다. 또 그 일을 하고 싶은 나머지 아침이 빨리 오기를 기다렸던 날도 있을 것이다.

만약 여러분에게 이런 일이 있다면 그 일은 여러분의 재능을 살려주는 일이다. 재능을 살려주는 일을 했을 때는 식었던 열정이 되살아날 뿐 아니라 희망도 솟게 한다.

4. 주위 사람들에게 물어보라

'내 재능은 무엇일까?'

더 이상 고민하지 않아도 된다. 주위 사람들에게 물어보면 좀더 쉽게 자신의 재능을 찾을 수 있다.

자기 자신보다 주위 사람들은 좀더 객관적으로 볼 수 있다. 때문에 자세하고 명확하게 재능을 발견하는데 도움을 얻을 수 있다. 무엇보다 다른 관점에서 보기 때문에 까맣게 잊고 있었던 재능을 발견하는 경우도 있다.

사람에게는 저마다 재능이 있다. 이젠 그 재능을 발견하고 계발해서 좀 더 의미 있는 삶을 살아야 한다. 다만 잊지 말아야 할 것은 어떤 분야에 재능이 있다고 해서 여러분이 시도하는 모든 분야에 재능이 있을 수는 없다는 것이다. 성공적인 기획자가 부동산 투자에 실패할 수 있듯이 말이다.

다만 자신의 재능만 믿지 않고 꾸준한 노력을 한다면 현재보다 더 나은 삶을 살 수 있다. 노력이 여러분의 재능에 날개를 달아줄 것이다.

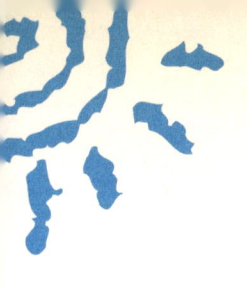

큰 꿈은 큰 사람이 되게 한다

• 자신에게 값비싼 가격표를 붙여라

"나는 디자이너가 꿈인데……."
"유명한 가수가 되는 게 내 꿈이야."

누구나 간절히 이루고 싶은 꿈이 있다. 꿈을 생각하면 우울한 마음이 사라지고 자신감마저 솟아난다. 어쩌면 우리가 살아가는 이유는 꿈을 이루기 위해서가 아닐까.

언젠가 꿈이란 무엇인가, 하고 곰곰이 생각해보았던 적이 있었다. '내가 이루고 싶은 것', '미래가 밝고 행복하게 가꿔주는 도구', '생각만 해도 행복해지는 이상' 이외에도 다양한 생각들이 떠올랐다.

하지만 그 중에서도 꿈이란 나 스스로 가격표를 붙이는 것이 아닌가 하는 생각이 들었다. 다만 현재의 가격표가 아닌 눈부신 미래의 가격표를 붙이는 것이다.

나는 당신에게 한 가지 질문을 던지겠다.
지금 당신에게 5달러 가치의 쇠붙이가 있다고 치자. 이 쇠붙이로 무엇을 만들고 싶은가?
당신이 그 쇠붙이로 말굽에 붙이는 편자를 만들면 10달러를 벌 수 있다. 하지만 그것으로 바늘을 만들면 350달러의 가치를 벌 수 있다. 쇠붙이로 날카로운 면도날을 만들면 3,000 달러를 벌 수 있다. 마지막으로 그 쇠붙이로 고급 시계의 부속품을 만들면 25만 달러라는 엄청난 돈을 벌 수도 있다.
똑같은 쇠붙이로 당신은 5달러를 받을 수도 있고 25만 달러의 거금을 벌어들일 수도 있다. 이 쇠붙이가 만일 당신이라면 어떤 생각이 들까? 5달러 가치의 사람이 될 수도, 25만 달러 가치의 사람이 될 수도 있을 것이다. 그 가치를 결정하는 것은 그 누구도 아닌 자기 자신이다. 그리고 꿈이란 당신에게 있는 쇠붙이에 25만 달러, 100만 달러, 1,000만 달러의 가격표를 붙이는 것이다. 이제 당신은 자신에게 얼마짜리 가격표를 붙이겠는가?
'간절히 원하면 이루어진다' 는 희망 메시지가 있다. 하지만 어떤 행동도 하지 않은 채 그저 마음속으로 원하기만 한다고 해서 꿈이 이루어지지는 않는다. 오히려 시간 낭비일 뿐이다. '간절히 원한다' 는 말 속에는 너무나 원하기 때문에 그 일을 이루기 위해 반드시 실천한다는 뜻이 담겨 있다. 또한 어떤 시련도 꿈을 향한 행동을 방해할 수 없다는 뜻도 숨어 있다.

성공자들은 자신이 무엇을 간절히 원하는지 분명하게 알았던 사람들이다. 또한 그것을 이루기 위해 무엇을 해야 하는지도 알고 있었다. 때문에 그들은 인생이라는 캔버스에 자신들의 멋진 꿈의 밑그림을 그릴 수 있었던 것이다.

단테는 "나는 할 수 있다. 나는 해낸다. 나에게는 저력이 있다. 나에게는 오직 전진뿐이다. 이런 신념을 지니는 습관이 당신의 목표를 달성시킨다. 너의 길을 걸어가라. 사람들이 무어라 떠들든 내버려 두어라"라고 말했다.

꿈이 있는 사람은 자신이 세상에서 가장 소중한 사람이라고 생각한다. 그래서 자신이 꿈꾸는 일은 어떤 일이 있어도 이루고 말 것이라는 강한 신념을 지니고 있다. 주위 사람들이 아무리 말려도 자신이 정한 목표를 향해 굳건하게 나아가는 것이다.

잠시 화제를 바꿔보겠다. 고민에 빠져 있는 한 남자가 있다. 그는 아름답고 지혜로운 여인을 사랑하고 있다. 기분이 좋지 않다가도 그 여인의 모습을 보거나 목소리를 듣는 것만으로도 금세 행복한 마음으로 바뀔 정도였다.

그는 진심으로 그 여인과의 결혼을 바라고 소망하고 있었다. 그래서 늘 밤마다 그 여인과 결혼해서 행복한 생활을 하는 꿈을 꾸기도 했다.

하지만 그는 그 여인에게 단 한 마디 말도 못 건넸다. 번듯한 직장이 있는 것도 아니고 외모가 출중한 것도 아니기 때문이다. 게다가 대머리에 배도 나와 대부분의 여자들이 기피하는 모습을 하고 있었다.

그 남자는 여인을 보며 항상 이런 생각을 했다.

"나처럼 능력 없고 못 생긴 남자가 어떻게 저토록 아름답고 지혜로운 여인을 아내로 맞을 수 있을까?"

그는 이런 생각을 할 때마다 의기소침해지고 기분이 한없이 슬퍼졌다. 만일 그 여인이 다른 남자와 결혼한다면 그는 꿈이란, 이룰 수 없는 몽상일 뿐이라고 생각할 것이다.

당신은 그에게 어떤 위로를 들려주고 싶은가? 아마 대다수의 사람들은 자신감을 가지라고 말할 것이다. 거기에다 외모가 아름답다고 해서 절대 주눅 들지 말라는 말도 덧붙일 것이다. 또 다른 사람은 자신의 마음을 진실 되게 고백하라고 말하는 사람도 있을 것이다.

나는 지금 당신의 모습이 앞에서 언급한 한 여인을 사랑하는 남자와 다를 바 없다고 생각한다. 당신이 남자에게 자신감을 가지라고 조언했듯이 당신 역시 자신감을 가져야 한다. 뿐만 아니라 남자가 여자를 너무 과대평가하듯이 당신의 꿈 역시 과대평가하고 있는 건 아닌지 생각해보아야 한다.

5달러 가치의 쇠붙이를 고급시계의 부속품을 만들면 그 가치는 수백 배, 수천 배가 된다. 마찬가지로 당신 역시 더 큰 사람이 되기 위해 노력해야 한다. 당신이 어떤 생각을 하고 꿈을 꾸느냐에 따라 가치가 달라지는 것이다.

오래전 노무현 대통령이 당선 된 후 어느 텔레비전 프로그램에 초대되었던 적이 있었다. 그때 노 대통령은 남들은 고시준비를 위해 절에 들어가는데 자신은 태평하게 결혼까지 했다고 말했다. 당시 노 대통령은 일류대학은커녕 상고 출신의 실업자에 불과했다.

하지만 그런데도 불구하고 단 한 번도 자신이 사법고시에 떨어질 거라는 생각을 하지 않았다.

나는 그 이야기를 들으면서 오늘의 노 대통령이 있기까지는 '반드시 할 수 있다'는 자신감이 충만했기 때문이라고 생각했다.

성공철학의 대가 지그 지글러가 말했다.

"목표는 커야 한다. 작은 목표는 작은 성취감만 느끼게 할뿐이다. 목표가 커야 성취감도 크고 자신의 능력을 극대화시킬 수 있다."

큰 꿈은 큰 사람이 되게 한다. 나는 큰 꿈을 가지고 그에 맞는 목표를 세우라고 말하고 싶다. 더 나아가 단계별 목표를 달성해 결국 원하는 꿈을 이루기를 바란다. 그리하여 좀 더 멋있고 의미 있는 삶을 살기를 소망한다.

믿음은 생산적인 삶을 살게 한다

• 다른 사람의 모습에 비춰 나를 바라보라

사람은 믿어주는 대로 행동하고 인정하는 대로 변한다. 윌리엄 제임스는 "인정받으려고 하는 갈망은 인간의 뿌리 깊은 갈망이다"라고 말했다. 누구나 타인에게 인정받고 싶어한다. 이 글을 쓰고 있는 나 역시도 가족과 친구들, 그리고 독자들에게 인정받기를 원한다. 누군가로부터 인정을 받는다는 것은 참 기분 좋은 일이다. 왜냐하면 그에게 믿음을 주었다는 뜻이기 때문이다.

톨스토이는 말했다.

"믿음이야말로 삶의 의미를 깨닫게 하는 것이며 삶과 관련된 의무와 책임을 받아들이게 하는 것이다."

상대방을 믿어주는 것만으로도 그는 힘을 얻는다. 그리고 기대에 어긋나지 않게 최선을 다하려고 애쓴다. 때문에 믿음이야말로 세상에서 가장 강한 격려라고 할 수 있다.

내 조카 중에 유독 장난이 심한 아이가 있다. 그 아이는 하루가 멀다하고 친구들을 때리거나 괴롭혀 선생님에게 혼이 난다. 어떤 날에는 심한 장난으로 인해 유리창을 깨뜨리기까지 한다.
그러나 중요한 것은 부모가 아무리 심하게 야단치더라도 달라지지 않는다는 것이다. 심지어 회초리로 종아리를 때려도 하루만 지나면 다시 원상태로 돌아가 버린다. 나는 '왜 그럴까' 하고 조카의 행동을 유심히 살펴보았다. 그리고 그 이유를 알 수 있었다. 원인은 부모에게 있었던 것이었다.
평소 부모는 아이의 심한 장난질에 지쳐있었다. 그래서 아이에게 말끝마다 "네가 그렇지", "오늘은 웬일로 사고 안 쳤어?", "내가 왜 너를 낳았는지 모르겠다" 이런 부정적인 말을 함으로써 아이에게 부정적인 이미지를 심어주었다. 부정적인 말을 듣고 생활하는 아이는 '왜 나만 미워하는 걸까?', '역시 나는 안 돼', '에라 모르겠다' 이런 부정적인 사고를 가지게 되고 점점 더 폭력적인 성향으로 굳어진 것이나.
만일 처음부터 부모가 긍정적인 말을 했더라면 어떨까? "애야, 너는 엄마 아빠가 세상에서 가장 사랑하는 아들이야. 그런 네가 친구들과 친하게 잘 지냈으면 좋겠다", "아빠는 너를 믿어. 잘 할 수 있지?" 하고 말했다면 아이는 차츰 자신의 행동을 고쳤을 것이다. 자신을 믿어주고 사랑하는 부모님에게 실망을 안겨주고 싶지 않기 때문이다.

이는 학교와 직장에서도 마찬가지다. 대부분의 학생들은 싫어하는 선생님의 과목에 소홀해진다. 수업에 소홀해짐으로써 좋은 성적을 받지 않는 것이 그 선생님에게 복수하는 길이라고 생각하기 때문이다.

직장은 또 어떤가? 평소 사소한 일로 잔소리를 늘어놓거나 야단을 치는 상사가 있다면 부하직원은 반발심을 가지게 된다. 부하직원은 '또 시작이군', '그리 잘났으면 자기가 하면 되지', '이러나저러나 잔소리 들을 거 차라리 대충하자' 이런 생각으로 결국 상사가 미워할만한 일만 골라서 하게 되는 것이다.

다른 사람의 실수나 잘못을 야단치기보다 믿음을 줄 수 있어야 한다. 야단을 친다면 그는 더욱 엇나갈 테지만 반대로 믿음을 준다면 스스로 반성할 계기가 된다. 누군가에게서 잘못을 지적당하는 것은 별로 유쾌하지 않은 일이다. 심하면 자신에게 창피를 준 상대에게 적대감을 가질 수도 있다. 이는 결국 두 사람 다 좋지 않은 결과를 초래하게 된다.

그러나 스스로 잘못을 반성하고 개선할 기회를 준다면 어떨까? 우선 누군가에게 지시를 받거나 창피를 당하지 않아 자존심에 상처를 입지 않아도 된다. 뿐만 아니라 시간을 두고 좀 더 깊이 자신의 잘못을 반성할 수 있을 것이다.

사람들은 타인을 변화시키려고 한다. 남편은 아내를, 아내는 남편을, 아이들은 부모를, 상사는 부하직원을, 부하직원은 상사를……. 하지만 다른 사람을 변화시키기 전에 해야 할 일이 있다. 자신을 이미 성공한 사람으로 생각하고 바라봐야한다. 인간은 거울과 같다. 자신의 모습에 비추어 다른 사람을 보는 경향이 짙다. 때문에 자신이 슬퍼 보이면 다른 사람들과 세상까지 슬프게 비치는 법이다.

반면, 자신의 모습이 밝고 희망차다면 다른 사람들도 모두 행복하게 보인다. 이 세상도 너무나 아름답고 따뜻하게 느껴진다. 나아가 누군가와의 만남이나 해야 할 일도 기쁜 마음으로 임할 수 있다. 따라서 기분이 우울하거나 축 처질 때 억지로라도 웃으라는 이유가 여기에 있는 것이다. 웃다보면 저절로 기분이 한결 나아지기 때문이다.

믿음은 생산적인 삶을 살게 해준다. 생산적인 삶이란, 어제보다 더 나은 오늘의 나를 만드는 삶이라고 할 수 있다. 『생산적 책 읽기 50』의 저자 안상헌 씨는 "시간이 갈수록 우리는 자유로워야 하며 그것은 어제보다 성숙한 나를 만들 때 가능한 일이다"라고 말했다.

생산적인 삶을 살기 위해선 긍정적인 자아상을 가슴속에 품어야 한다. 긍정적인 자아상은 자신을 가치 있게 여기는 자부심이다. 자부심이 있으면 자신감이 생긴다. 자신감이 가득 차면 인생을 보다 활력 있게 살 수 있다. 무엇보다 자신감이 넘치는 사람은 그렇지 않은 사람과 비교했을 때 보다 창조적이고 긍정적이다. 뿐만 아니라 언어와 행동이 적극성을 띠게 된다. 때문에 자신감이 있는 사람은 멋있고 매력적으로 보이게 마련이다. 흔히 카리스마가 있는 사람은 하나 같이 넘치는 자신감을 소유한 사람들임은 말할 것도 없다.

『자부심의 심리학』을 쓴 나다니엘 브랜든은 자부심과 생산성이 직접적인 연관이 있다고 말했다. 그의 말에 따르면 자신을 좋게 생각할수록 생산성이 더 높아진다는 것이다. 그리고 생산성이 높을수록 자신을 더 좋게 생각한다는 것이다. 덧붙여 말하면 생산이 높을수록 인생을 더욱 잘 컨트롤하게 된다.

에머슨은 "자신감은 최고의 성공 비결이다"라고 말했다. 자신감과 성공은 결코 떨어질 수 없는 불가분의 관계이다. 때문에 자신감이 있는 사람은 언제나 남들보다 앞서가게 마련이다. 앞서 간다는 것은 그만큼 성공할 확률이 높다는 뜻이다.

성공적인 삶은 믿음으로 가득 찬 삶이라고 할 수 있다. 이런 삶을 살기 위해선 자기 자신뿐 아니라 타인을 향한 믿음을 저버려선 안 된다. 믿음 속에서 진정 우리가 살아가야하는 의미를 깨달을 수 있기 때문이다. 무엇보다 곁에서 누군가 나를 믿어준다는 그 하나만으로도 이 세상을 살아내기에 충분한 힘이 솟는다.

PART 2

한계를 뛰어 넘어

상대방을 타인과 비교하지 마라

• 있는 그대로의 자신을 인정하라

"김 대리는 과장 달았는데 나는 뭐야?"
"형은 공부도 잘하는데 난 왜 이 모양일까?"
"언니는 피부도 곱고 예쁜데, 나는 왜 이리 못났을까?"

타인과 나를 비교하는 것만큼 마음을 우울하게 하는 일은 없다. 나와 타인을 비교하다보면 마치 내 자신이 보잘것없는 사람으로 비춰지기 때문이다. 타인과 나를 비교한다는 것은 마치 사과와 복숭아를 비교하는 것과 다를 바 없다. 사과와 복숭아는 그 맛과 모양, 빛깔, 향기 등이 제각각이다. 그렇듯이 나 자신도 타인과 같을 순 없다는 것을 인식해야 한다.

사람들은 별과 달, 꽃, 구름 등을 보며 아름답다고 말한다. 그러나 그런 것들을 보며 "저 별은 왜 저 모양이지?", "저 꽃은 왜 이 꽃처럼 향기롭지 않을까?", "구름은 왜 하얀색일까?" 하고 생각하는 사람은 거의 없다. 모두들 있는 그대로 받아들이고 그 가치를 인정하기 때문이다.

있는 그대로의 자신을 인정할 때 스스로 자유를 누릴 수 있다. 세상에서 가장 견디기 힘든 감옥은 그 누구도 아닌 바로 자신이 만든 마음의 감옥이기 때문이다. 자신이 바로 이 감옥의 죄수이자 간수이다. 하지만 타인과 자신을 비교하는 어리석은 행동을 하지 않는다면 마음의 감옥으로부터 벗어날 수 있을 것이다.

위대한 사람이 되기 위해서 대단한 업적을 이루거나 많은 재산이나 명예가 필요한 것이 아니다. 내가 나를 어떻게 생각하는가가 중요하다. 스스로에 대해 자존감을 갖고 있어야 한다. 아무리 훌륭한 일을 했다하더라도 항상 타인과 자신을 비교한다면 자신이 가치 있는 존재라는 것을 깨닫지 못할 것이다. 이는 황금으로 만들어진 밥그릇에다 밥을 먹는 개와 다를 바 없다.

김 과장은 아침부터 잔뜩 화가 나 있었다. 아침부터 아내가 김 과장이 가장 싫어하는 부분을 건드렸기 때문이다.

김 과장이 한 술 뜨려는데 아내가 심드렁하게 말했다.

"당신은 지금 밥이 넘어가?"

"왜 무슨 일 있어?"

아내는 한심하다는 표정을 지었다.

"옆집 민희 아빠는 며칠 전에 부장으로 승진했다는데, 당신은 만년 과장이잖아."

"……."

김 과장은 잠자코 있었다. 하지만 아내는 그칠 줄 몰랐다.

"이젠 만년 과장 꼬리표도 뗄 때 됐잖아."

"……."

"당신이 민희 아빠보다 못한 게 뭐야?"

그때 김 과장은 꾹꾹 참았던 분노가 폭발하고 말았다. 김 과장은 자신도 모르게 버럭 화를 내며 말했다.

"민희 아빠가 그리 좋으면 민희 아빠랑 살아."

김 과장은 덧붙여 말했다.

"그래, 나는 무능력한 남편이다. 어쩔래?"

사실 그동안 김 과장은 아내에게 큰 소리 한번 못치고 살았다. 자신이 벌어다주는 쥐꼬리만 한 월급으로 생활하는 아내가 안쓰러웠기 때문이다. 하지만 이제는 아내가 한없이 원망스럽기만 하다. 위로 치고 올라오는 후배들 경계하랴, 상사 눈치 보랴 하루에도 수십 번 사표를 쓰고 싶은 자신의 마음을 아내가 너무 몰라주기 때문이다.

어떠한 일이 있어도 타인과 비교하는 실수를 범해서는 안 된다. 타인과 비교를 당하는 당사자는 겉으로 내색하지 않더라도 마음속으로는 원망의 칼날을 갈 것이다. 아무리 친밀한 사이라 할지라도 상대방이 자신을 타인과 비교한다면 기분이 몹시 상하게 마련이다. 비교한다는 것은 '있는 그대로'를 인정하지 않을 뿐 아니라 받아들이지 않는다는 뜻이기 때문이다.

연인들이 헤어지는 이유들 가운데 가장 많은 것이 '타인과의 비교' 때문이다. "내 친구 애인은 노래도 잘 부르고 춤도 잘 춘다는데 너는 뭐야?", "다른 연인들은 기념일마다 선물도 주고 한다는데, 자기는 우리가 언제 만난 지도 모르지?", "매일 똑같은 옷만 입어? 다른 사람들 좀 봐봐" 이런 말을 하는 연인을 둔 사람이라면 하루에도 몇 번씩 헤어지고 싶은 심정이 들지도 모르겠다.

타인과 자신을 비교한다는 것은 어느 부분까지만 인정하겠다고 선언하는 것과 다르지 않다. 차라리 맘에 들지 않거나 개선했으면 하는 부분이 있다면 솔직하게 얘기하는 것이 서로의 관계를 더욱 돈독하게 해준다.

어느 날 동물들이 숲 속에 모여 회의를 했다.

회의 결과, 숲 속에 학교를 열기로 했다. 숲 속에는 토끼, 새, 다람쥐, 물고기, 뱀장어 등등이 살고 있었는데, 이들이 이사회를 구성하기로 결정했다.

토끼는 교과과정에 '달리기'를 넣어야 한다고 주장했다. 새들은 '날기' 과목이 있어야 한다고 주장했다. 물고기는 '수영'이, 다람쥐는 '나무타기'가 필수과목으로 들어가야 한다고 주장했다. 그래서 동물들은 모든 것을 교과과정에 넣기로 합의했다. 결국 모든 동물은 모든 과목을 배워야 했다.

토끼는 달리기에서 '수'를 받았지만 나무타기에서는 고전을 면치 못했다. 나무타기에서 토끼는 자꾸만 미끄러졌다.

어느 날 토끼는 나무타기를 하다가 미끄러져 머리를 다친 뒤, 달리기조차 제대로 할 수 없게 되었다. 그래서 달리기에서는 '미'를, 나무타기에서는 '가'를 받았다. 새는 날기 과목에서는 뛰어난 소질을 보였지만 땅파기 과목에서는 기를 펴지 못했다. 새는 땅파기 수업에서 부리와 날개 여기저기를 다쳤다. 그러다 이내 새는 날기 과목에서 '미'를, 땅파기에서 '가'를 받게 되었을 뿐 아니라 나무타기 과목은 정말 괴로운 시간이 되었다. 나머지 동물들도 토끼나 새와 마찬가지였다.

그리하여 학교를 졸업할 때 모든 과목에서 중간을 겨우 유지한 뱀장어가 수석을 차지했다.

토끼는 달리기를 잘하는 장점이 있다. 새는 날기를, 다람쥐는 나무타기, 물고기는 헤엄을 잘 친다. 그렇듯이 모두 저마다 잘하는 분야가 다르다. 그런데 만일 토끼에게 "다람쥐는 나무도 잘 타는데 너는 왜 못해?" 하고 말한다면 어떨까? 당연히 토끼는 버럭 화를 낼 것이다.

토끼는 다람쥐를, 다람쥐는 토끼의 있는 그대로를 인정하고 받아들여야 한다. 그래야만 좋은 관계를 지속할 수 있다. 이처럼 아내는 있는 그대로의 남편을, 또 남편은 있는 그대로의 아내를 받아들일 줄 알아야 한다.

직장에서도 마찬가지다. 상사와 부하직원이 다른 누군가와 비교하지 않고 서로 받아들일 때 적이 아닌 진정한 동지가 될 수 있다. 따라서 상대를 내 편으로 만드는 가장 쉬운 방법은 그 사람을 있는 그대로 받아들이는 것이다.

약점 속에 숨어 있는 성공 씨앗

• 단점을 장점으로 전환하라

"대학만 졸업했어도……."

"내 키가 조금만 더 컸더라면……."

누구에게나 약점이 있다. 단지 그 약점을 어떻게 생각하고 처리하느냐에 따라 많은 차이가 있을 뿐이다. 예를 들면 약점에 개의치 않는 사람이 있는가 하면 사소한 약점에도 괴로워하는 사람도 있다.

그러나 약점도 잘만 이용하면 자신의 능력을 극대화시킬 수 있다. 약점은 결코 숨기거나 부끄러워해선 안 된다. 약점은 그대로 받아들이면서 부족한 부분을 채우거나 좀 더 나은 방향으로 보완하기 위해 노력해야한다는 것을 일깨워주는 것일 뿐이다.

약점에 얽매이게 되면 그것은 발목을 잡는 족쇄가 된다. 어떤 일을 하더라도 약점 때문에 자신감보다 두려움에 휩싸이게 된다. 급기야 이러지도 저러지도 못하는 어정쩡한 모습으로 서 있을 수밖에 없다.

반대로 약점을 더 높은 곳으로 도약하기 위한 발판대로 삼는다면 상황은 달라진다. 약점은 더 이상 치부가 아닌 발전을 꾀하는 채찍질이 되기 때문이다. 이처럼 약점을 부정적으로만 생각하기보다 긍정적으로 생각한다면 얼마든지 삶의 플러스적인 요소가 될 수 있다.

여자육상선수인 말라 러넌은 시각장애인이다. 그녀는 앞을 못 보는 약점을 가졌으면서도 정상급 비장애인 선수들과 거의 대등한 경기를 펼쳤다. 그녀는 사람들에게 이렇게 말한 바 있다.

"정상적인 선수들이 심리적으로 옆 선수를 의식하는 것과 달리 오로지 결승점만 생각하며 뛸 수 있는 것이 커다란 장점이라고 생각합니다."

헬렌 켈러 역시 시각과 청각장애에 벙어리라는 약점까지 지닌 최대의 약점 노출자였다. 하지만 그녀는 자신의 약점을 성공의 발판으로 삼았다. 현재 세계의 많은 사람들에게 존경과 사랑을 받고 있다. 또한 헬렌 켈러는 전 세계의 장애인들을 위한 희망의 등불이 되어 주었다.

우리는 일생동안 자신이 지닌 잠재능력의 4%도 쓰지 못한다. 따라서 깊숙이 수면 아래 잠겨 있는 잠재능력을 어떻게 끄집어

내느냐에 따라 인생이 달라질 수 있다. 자신이 바다 위에 떠 있는 배라면 그 배에 잠재능력은 모터를 달아줄 것이기 때문이다.

대부분의 사람들이 자신의 잠재능력을 찾지 못하는데 그만한 이유가 있다. 그것은 바로 약점에 사로잡혀 있기 때문이다. 마치 가시로 뒤덮인 밤송이 때문에 알밤 먹기를 포기하는 것과 같다. 물론 약점을 타인에게 보이거나 알리는 것은 부끄러운 일이다. 하지만 그렇다고 해서 언제까지나 숨기며 살 순 없다. 그 대신 그 약점을 장점으로 활용해야 한다. 가시로 뒤덮인 밤송이 속에 고소하고 달콤한 알밤, 즉 잠재능력이 숨어 있다는 것을 간과해선 안 된다.

생각하기에 따라 단점은 얼마든지 장점이 될 수 있다. 자신이 어떤 사고로 생각하느냐에 따라 뒤집어질 수 있는 것이다. 성격이 급한 사람은 덜렁대거나 꼼꼼하지 못하겠지만 그렇지 않은 사람보다 일의 추진력은 뛰어나다. 또한 조용하고 차분한 성격의 사람은 항상 서두르는 법이 없어 답답한 면이 없지 않아 있지만 실수하는 법이 별로 없다. 이처럼 사람마다 장단점이 있듯이 약점도 마찬가지다.

약점은 사람뿐만 아니라 국가에도 있다. 그것은 더운 나라, 추운 나라, 비가 잘 내리지 않는 나라, 지진이 많은 나라 등 참으로 다양하다. 네덜란드는 전국토의 25%가 해수면보다 낮아 제방을 쌓고 간척지를 만들어 땅을 넓히기 위해 50년간 노력했다. 약점을 극복하기 위해 세계 최대의 제방을 쌓았으며 덕분에 세계 최고의 제방 쌓는 기술을 보유하게 되었다. 일본 역시 잦은 지진을 극복하기 위해 엄청난 돈과 연구인원을 투입했다. 그 결과 세계 최고의 내진성 주택기술을 보유하고 있다.

변호사 데이비드 보이스에게는 난독증이 있었다. 그래서 그는 글자를 읽거나 쓰는데 보통 사람보다 어려움이 있었다.
어느 날 그는 마이크로소프트사를 상대로 한 반독점법 위반 소송에서 미국 연방 정부 측 변호를 맡게 되었다. 그는 공판을 앞두고 조서를 쓸 때 정중하지만 끈질긴 질문으로 빌 게이츠를 지치게 만들었다. 뿐만 아니라 정부 측 주장을 세세하고 명확하게 설명함으로써 재판관의 마음을 사로잡을 수 있었다.
그는 난독증 때문에 될 수 있으면 길고 복잡한 단어들을 피했다. 의미를 알고 있는 단어도 제대로 발음하지 못할까 불안한 나머지 일부러 어려운 단어들을 사용하지 않았다. 단순한 단어들을 사용했기 때문에 그의 주장은 이해하기가 매우 쉬웠다. 일부러 의도한 것은 아니지만 상식적인 사람이라는 인상을 주기에 충분했다.
그의 솔직 담백한 언변은 결코 자신을 유식하게 보이도록 포장하지 않았다. 반대로 어려운 문제를 솔직하고도 간단명료하게 풀어내려는 의도로 비쳤다. 이런 의미에서 난독증은 데이비드 보이스에게는 약점이 아니라 장점으로 작용했다.
우리는 위의 사례를 통해서도 약점은 생산적으로 활용될 때 빛이 난다는 사실을 알 수 있다. 평소 자신이 약점이라고 생각했던 것도 일상생활에서 어떻게 활용하는가에 따라 얼마든지 장점으로 활용할 수 있는 것이다. 그러기 위해선 먼저 약점은 부끄럽거나 숨겨야하는 부분이라는 편견을 버려야 한다.

학력이 짧은 사람이 공부를 많이 한 사람과의 경쟁에서 살아남기 위해서는 몇 배의 노력을 기울여야 한다. 가난한 사람은 자신의 어려움을 사회 탓으로 돌리기보다 더욱 열심히 일하고 아껴서 저축해야 한다. 시간에 쫓겨 여유로운 생활을 할 수 없는 사람은 시간으로부터의 자유를 얻기 위해 자투리 시간을 활용하거나 시간 계획표를 짜 극복할 수 있다.

성공자들은 자신의 약점을 그대로 인정하고 받아들였다. 하지만 그들은 더 나아가 그 약점을 극복하고 더 나아지기 위해 다른 사람보다 더 많은 노력과 자신과의 싸움을 해온 사람들이다.

어떤 약점이든 그 자체로 고통이 될 수 없다. 신은 우리의 약점 속에 성공의 씨앗을 숨겨 놓았기 때문이다. 결코 약점을 숨기거나 부끄러워해선 안 된다. 오히려 그 약점을 잘 활용해 좀 더 나은 삶을 살도록 노력해야 한다.

이제부터는 약점은 치부가 아닌 삶을 생산적으로 이끌어주는 장점으로 생각하자. 약점은 더 이상 자신의 발목을 묶는 족쇄가 아닌 더 높은 창공으로 날 수 있게 해주는 날개가 될 것이다.

자신의 내면으로 여행을 떠나라

• 고독을 성장의 기회로 삼아라

대다수의 사람들은 친구를 비롯한 주위 사람들이 실의에 빠져 있을 때 용기를 주는 말을 건넨다. 그들은 "지금 위기만 잘 극복하면 잘 될 거야", "힘내! 넌 꼭 성공할 거야" 하고 말한다.

그러나 지금 내가 당신에게 "반드시 성공할 수 있다고 생각합니까?" 하고 묻는다면 어떻게 대답할까?

"물론 성공할 수 있어!"

"잘 모르겠는걸."

"나는 특별한 재능이 없어."

"집안에 나를 끌어줄만한 사람이 없어서……."

"지금 시작하기엔 나이가 너무 많아."

성공에 대한 확신이 없는 사람이 더 많을 것이다. 누구나 그동안 지나온 과거에 빗대어 미래를 예측하기 때문이다. 과거에 불행했거나 경제적으로 궁핍했다면 다가올 미래도 그러하리라 생각한다. 반대로 과거에 행복했다면 미래에도 행복하게 살 수 있다고 믿을 것이다.

미래에 대한 확신이 없다면 자신과 진지하게 대화할 수 있는 시간을 갖는 것이 좋다. 미래에 대한 확신이 없다는 것은 꿈과 목표가 없다는 뜻이기도 하다. 뿐만 아니라 자신의 의지대로 삶을 살기보다 그저 물 흐르는 대로 살아가고 있다는 뜻이다. 이런 모습으로 삶을 산다면 훗날 달콤한 행복보다 불행한 삶을 살 확률이 높다. 미래는 현재와 이어져 있기 때문이다.

나는 미래에 대한 확신이 없는 사람들에게 잠시 여행을 다녀오라고 권하고 싶다. 이때 여행은 누군가와 함께 떠나기보다 홀로 떠나는 것이 좋다. 만일 누군가와 동반한다면 자신과 진지하게 대화할 수 있는 기회를 잃어버릴 것이기 때문이다. 외롭더라도 혼자 떠난다면 그동안 걸어온 자신의 발자취를 되돌아볼 수 있을 뿐 아니라 자신과 진지하게 대화할 수 있다.

여러분 중에 여건상 여행을 떠나지 못하는 사람도 있을 것이다. 그렇다면 굳이 멀리 여행을 떠나지 않아도 좋다. 아무에게도 방해받지 않고 차분하게 자신을 되돌아보고 미래를 생각할 수 있는 시간과 공간만 있으면 된다. 노트 한 권과 볼펜 하나만 있으면 자신과의 대화의 준비는 끝이다.

노트에 자신에게 있는 장점이 무엇인지 20가지를 적어보자. 20가지라는 말에 너무 많다고 푸념을 늘어 놓는 사람도 있을 것이다. 하지만 한두 가지 적다보면 자신도 모르는 사이에 노트에는 20가지가 적혀 있는 것을 발견할 것이다. 그 다음에는 자신의 단점을 장점과 마찬가지로 20가지를 적어 보자. 노트에 적힌 단점을 보며 자신에게 이렇게 많은 단점이 있었는지 깜짝 놀랄 것이다.

이번에는 각 장점에다 그 장점이 주위 사람들에게 주는 좋은 영향은 어떤 것이 있는지, 그 장점을 살려 어떤 일에 접목하고 활용할 수 있을지도 함께 생각해보자. 처음에는 하나하나의 장점으로 할 수 있는 일이 잘 떠오르지 않을 것이다. 하지만 생각하다보면 분명 장점에 접목할 수 있는 일 혹은 장점으로 자신의 능력을 배가 시킬 수 있는 일이 떠오를 것이다.

그리고 노트에 적힌 단점을 보며 '이 단점을 고치지 않는다면 앞으로 나에게 어떤 영향이 미칠까?' 하고 생각해 보자. 각 단점 옆에다 미치는 영향을 적어 보자. 단점을 계속 방치했을 때 생각보다 심각한 상황이 일어날 수 있음을 알 수 있다. 이런 과정 속에서 당신은 분명 단점을 고치려고 애쓸 것이다. 결국 더 많은 장점을 가지기 위해 노력하는 자신을 발견하게 될 것이다.

40대 초반의 김광석 씨. 그는 10년 동안 다니던 회사에서 구조조정으로 일자리를 잃었다. 실직 후 여러군데 이력서를 제출했지만 자신을 부르는 곳은 단 한군데도 없었다. 그는 자신이 정말 보잘것없는 존재라는 생각마저 들었다.

하지만 그는 한 가정의 가장으로써 생계를 위해 당장 그 어떤 일이라도 해야 했다. 그는 우선 막노동부터 하기 시작했다. 그러다 우연히 자신의 장점이 무엇인지 생각해보았다. 그 결과 사교성이 뛰어나 많은 사람들과 좋은 관계를 유지하고 있다는 것을 깨달았다. 게다가 취미로 배워둔 골프 실력 또한 프로 못지않았나. 그는 사교성과 골프 실력 이 두 가지를 접목해서 자신만의 골프 성공학을 개발했다.

처음에 그가 사람들에게 무료로 강의를 해준다고 했지만 빈번히 거절당했다. 하지만 포기하지 않고 피나는 노력을 거듭했다. 그 결과 지금 그의 강의를 들으려면 한 달 전에 미리 예약해야하는 인기 강사가 되었다.

사람은 가끔 혼자 있는 시간을 가져야 한다. 대다수의 사람들은 늘 바쁜 일상에 쫓겨 사색을 즐길 시간적인 여유가 없다.

성공자들은 혼자 있는 시간을 즐겼던 사람들이다. 혼자 있는 시간동안 현재 자신이 서 있는 위치와 앞으로 걸어야할 방향을 생각했다. 뿐만 아니라 그들은 철저한 외로움 속에 자신을 고립시켰던 사람들이기도 하다. 그들은 사람들 속이 아닌 외로움 속에 서 있을 때 강해진다는 것을 알고 있었다.

벤자민 프랭클린은 이렇게 말했다.

"당신의 인생을 사랑하고 있는가? 그렇다면 절대로 시간을 낭비하지 말라. 인생을 구성하고 있는 요소 중에 시간이야말로 가장 귀중한 것이다."

시간은 모든 사람들에게 주어진 공평한 자원이다. 공평한 자원이지만 어떻게 활용하느냐에 따라 인생의 커다란 전환점이 될 수도 있다. 혼자 있는 시간을 즐겨보라. 외로움 속에서 진정 자신과의 대화의 시간을 가져보라.

당신은 고독을 피하기보다 성장의 기회로 삼아야 한다. 고독이야말로 혼자 조용히 내면을 들여다보는 가장 좋은 장소일 테니.

긍정적인 말의 힘

• 절대 부정적인 말을 하지 말라

사람들을 쉽게 두 부류로 나눌 수 있다. 먼저 한 부류는 긍정적인 말을 하는 사람들이고 다른 부류는 부정적인 말을 하는 사람들이다. "오늘은 분명 좋은 일이 가득할 거야", "반드시 해내고야 말겠어" 이런 긍정적인 말을 하는 사람은 언제나 활력 있고 생기가 넘친다. 말을 할 때마다 웃는 얼굴은 볼수록 매력적이기까지 하다.

반면 "아마 불가능할 거야", "지난번에도 실패했는데……" 이처럼 부정적인 말을 하는 사람의 얼굴은 그늘져 있다. 그 누가 보아도 한 눈에 나쁜 일이 생겼다는 것을 짐작할 수 있다.

자신의 분야에서 큰 획을 그은 사람들은 모두 긍정적인 말을 한다. 그들은 결코 부정적인 말로써 자신은 물론 타인들까지 침울하게 하지 않는다.

우리가 평소 아무 생각 없이 하는 말 속에는 에너지가 담겨 있다. 긍정적인 말은 자신에게 믿음과 자신감을 심어주지만 부정적인 말은 그나마 있는 믿음과 자신감마저 사그라지게 한다.

외국의 어느 경영자는 매일 아침 일어나면서 긍정적인 자기 암시를 한다. '오늘은 내 생애 최고로 좋은 날이다. 분명 좋은 일이 가득할 거야.' 그리고 저녁에는 일기에 그날의 가장 기쁘고 행복했던 일을 쓴다. 잠자리에 들어서는 '내일도 분명 오늘처럼 내 생애 최고의 날이 될 거야' 하고 자기 암시를 한다.

이 경영자는 누군가와의 내기에서 지고서도 "내가 졌네" 하고 말하기보다 "이번에는 자네가 이겼네. 하지만 다음에는 꼭 내가 이길 걸세" 하고 말한다. 그 이유는 소극적인 말, 즉 부정적인 말을 하지 않기 위해서이다.

긍정적인 말을 습관적으로 하는 사람은 부정적인 말을 습관적으로 하는 사람보다 더 빨리 자신의 꿈을 이룬다. 어떤 시련이 닥쳐도 긍정적인 마음을 잃지 않기 때문에 시련을 뚫고 나갈 열쇠를 찾을 수 있기 때문이다. 또한 사람들은 긍정적이고 활력적인 사람과 가까이 하려 할뿐 아니라 도움을 주려고 한다. 이런 사람과 함께 있을 때 자신 또한 긍정적이고 활력적인 사람으로 바뀌어 생산적 삶에 도움이 된다는 것을 알기 때문이다.

밝고 긍정적인 말은 긍정적인 자기 암시, 자기 세뇌를 일으켜 보다 적극적인 행동을 하게 한다. 때문에 긍정적인 말은 결국 자신이 꿈꾸고 목표하는 일을 성취하게 도와주는 것이다. 이는 긍정적인 말에서 나오는 에너지가 자신감을 고취시켜주기 때문이다.

사람들 중에 이렇게 말하는 사람들이 있다. "그런 일을 왜 해? 돈이 나오니? 밥이 나오니?", "그냥 시키는 대로 하면 되지 뭐" 이런 말을 하는 사람들의 모습을 살펴보면 대부분 행복과 거리가 먼 삶을 살고 있다는 것을 알 수 있다. 이는 스스로 자신의 삶을 불행하게 만든 결과이다. 그들이 하는 말을 통해 자신의 삶에 대해 어떤 기대나 희망도 가지지 않는다는 것을 알 수 있다.

실제로 이런 말을 습관처럼 하는 사람치고 생산적인 삶을 사는 사람은 드물다. 어쩌면 생활이 찌들고 힘들기 때문에 그런 말투가 저절로 튀어나오게 되는 것인지도 모른다. 하지만 조금만 신경 쓴다면 부정적인 말보다 긍정적인 말을 할 수 있다. 아무 생각 없이 말을 하는 것처럼 하루하루 아무 목적의식 없이 살았을 것이다. 때문에 지금의 현실이 지난 과거와 비교해 더 나을 것도 없을 지 모른다.

"나비처럼 날아서, 벌처럼 쏘겠다"며 단 한 번의 경기로 1,000만 달러를 받는 등 엄청난 돈을 벌어들였던 무하마드 알리는 "내 승리의 반은 주먹이 아닌 말에 있었다"고 고백했다. 밝고 긍정적인 말의 무서운 힘이 아닐 수 없다.

우리 주위에 얼마나 많은 사람들이 부정적으로 말을 하며 되는 대로 인생을 살아가고 있는지 모른다. 그들은 시련이나 위기가 닥칠 때면 "도저히 못하겠다", "당장 때려치우고 싶다" 이런 부정적인 말로써 상황을 더욱 어렵게 만든다. 그리하여 능히 해결할 수 있는 일조차 급기야 손도 쓸 수 없게 되어 버리는 것이다.

그러나 "이 정도는 문제도 아니지", "이 문제만 해결하면 곧 상황이 정상으로 돌아올 거야", "언제나 행운의 여신은 내 편이지" 하고 긍정적인 말을 하면 삶은 더욱 즐겁고 행복할 것이다.

어느 날 필 박사에게 한 세일즈맨이 찾아왔다. 그 세일즈맨은 부서에서 가장 실적이 낮아 늘 동료와 상사로부터 놀림을 당했다. 필 박사는 세일즈맨에게 긍정적인 말이 적힌 카드를 주면서 자주 주문처럼 외우고 다니라고 말했다. 세일즈맨은 필 박사의 말대로 카드에 적힌 긍정적인 말을 주문처럼 외웠다. 고객을 방문하기 전에는 꼭 카드를 몇 번씩 되풀이해서 읽었다. 이렇게 반복하는 동안 세일즈맨에게 믿을 수 없는 놀라운 일이 일어났다. 그 세일즈맨이 부서에서 가장 실적이 높은 세일즈맨으로 바뀌었던 것이다. 카드에 적힌 긍정적인 말이 유능한 세일즈맨으로 변화시켰던 것이다.

데일 카네기의 말에 의하면 성공한 사람들은 '없다', '잃었다', '한계다' 와 같은 말은 절대로 하지 않았다고 한다. 이 세 가지 말을 하는 순간 부정적인 생각으로 인해 소극적인 행동을 할 것이기 때문이다.

어느 대뇌학자에 따르면 뇌세포의 98%가 말의 지배를 받는다고 한다. 따라서 긍정적인 말을 하면 적극적인 행동을 하게 되고, 반대로 부정적인 말을 하면 소극적인 행동을 하게 된다는 것이다.

성공한 사람들은 언제나 긍정적인 말을 했다. 말 속에는 인생을 이끄는 힘, 각인력, 견인력, 성취력이 숨어 있다는 것을 알았기 때문이다. 값지고 의미 있는 삶을 살고 싶다면 농담이라도 절대 소극적이고 부정적인 말을 해선 안 된다.

3% 성공자들의 성공 포인트

• 해뜨기 직전이 가장 어두운 법이다

　모든 사람은 성공하면 당연히 행복도 함께 오는 것이라고 생각한다. 하지만 성공한다고 해서 행복해지는 것은 아니다. 행복이란 부수적인 것이 아니라 성공을 향해 나아가는 과정 속에서 느끼는 것이기 때문이다.

　물론 성공한다면 물질적으로나 경제적으로 자유를 누릴 수 있다. 거기에서 나름대로 행복도 느낄 수 있을 것이다. 그러나 물질에서 오는 행복은 오래도록 지속되지 않는다. 우리 마음은 점점 더 새로운 것을 원하기 때문이다. 그것을 충족시켜줄 수 있을 때 행복할 수 있다. 이는 중독성이 강한 마약과 다를 바 없다.

"기회는 준비된 사람에게 찾아오는 것이다."
–루이 파스퇴르
"결과적으로 가장 성공한 사람은 꾸준한 노력의 결과로서 성공한 사람이다."
–알렉산더 그레이엄 벨
"사람은 실패하기 위해서가 아니라 성공하기 위해 태어났다."
–헨리 데이비드 소로

성공은 기회를 포착했을 때 좀 더 쉽게 이룰 수 있다. 또한 확고한 꿈과 목표를 가졌을 때 어떤 시련 속에서도 용기를 잃지 않는다. 그 중에서 가장 중요한 것은 이 세상의 단 한 사람도 실패를 위해서가 아닌 성공을 위해 태어났다는 것이다.

나는 그동안 다양한 성공자들을 만나보았다. 그들 중에는 자수성가한 사람도 있었고 부자 부모의 도움을 받아 보다 쉽게 자신의 꿈을 성취한 사람도 있었다. 중요한 것은 그들 모두 나름대로 확고한 꿈과 목표를 가지고 최선을 다했다는 것이다.

내가 그들에게서 발견할 수 있었던 성공법칙 몇 가지를 소개하겠다.

실패를 두려워하지 마라

세상에 실패 없는 성공은 없다. 모든 성공자는 나름대로 실패를 경험했던 사람들임을 잊지 말아야 한다. 실패란 잠시 돌아가는 길일뿐이다. 실패는 잠시 나를 넘어뜨릴 순 있지만 언제까지나 좌절하게 만들지는 못한다.

실패를 두려워해선 안 된다. 시도해보기 전까지는 어느 누구도 자신에게 어떤 잠재능력이 있는지, 무엇을 할 수 있는지 알 수 없다. 성공의 씨앗은 실패 속에 숨어 있는 법이다.

진정한 성공자는 실패를 딛고 정상에 오른 사람이다. 그러기 위해선 어떤 실패도 두려워하거나 피하지 말아야 한다. 희망을 갖고 계속 도전하다보면 언젠가 자신이 꿈꾸었던 것을 성취할 수 있다.

그리고 무엇보다 잊지 말아야할 것은 실패의 원인은 외부가 아닌 자신에게 있다는 것이다. 실패의 원인을 곰곰이 분석하고 이를 하나하나 보완해나갈 때 조금씩 성공의 대열에 가까워지는 것이다.

목표를 가져라

뚜렷한 목표를 가진 사람은 어떤 어려움이 있어도 굳건하게 견딘다. 오히려 어려움 속에서 인생의 참 의미를 깨닫게 된다.

디즈레일리는 이렇게 말했다.

"나는 오랫동안 명상한 결과 다음과 같은 확신을 스스로 얻게 되었다. 확고한 목표를 지닌 인간은 그것을 반드시 성취하도록 되어 있으며 그것을 성취하고자 하는 그의 의지를 꺾을 만한 것은 아무것도 없다."

목표는 우리에게 그 무엇으로도 꺾을 수 없는 강력한 에너지를 준다. 그래서 이미 성공을 이룬 성공자들은 "목표를 가져라"라고 말하는 것이다.

큰 꿈과 목표를 가져라

큰 배는 거친 파도에도 아랑곳하지 않고 목적지를 향해 유유히 나아간다. 반대로 작은 배는 파도가 덮쳐올 때마다 심하게 요동치다 급기야 뒤집히고 만다.

꿈과 목표를 가지는데는 돈이 들지 않는다. 나는 되도록 꿈과 목표를 크게 가지라고 말하고 싶다. 작은 꿈과 목표는 작은 시련에도 흔들리지만 큰 꿈과 목표는 절대 흔들리지 않기 때문이다.

계획을 세워라

목표를 설정하고, 그 목표를 성취하기 위한 계획을 세우는 능력이 바로 성공의 '열쇠'이다. 이 열쇠는 특정한 사람들만이 아닌 모든 사람들이 가지고 있다. 성공한 사람들치고 계획성 없이 산 사람들은 단 한 사람도 없다.

『내 인생을 바꾼 스물 살 여행』을 쓴 브라이언 트레이시는 "계획을 세우는 데 투자한 처음 10%의 시간이 그 계획을 실천하는 데 투자하는 90%의 시간을 좌우한다"고 말한다. 꿈이 전체적인 건물이라면 계획은 그 건물의 설계도와 같은 것이다. 세상의 어떤 일이든 계획 없이 이루어지는 것은 아무것도 없다.

배려를 잊지 마라

배려란, 상대방의 입장을 생각하는 따뜻한 마음과 행동이다. 정성스러운 마음이 행동으로 표현된 것이 바로 배려라고 할 수 있다.

누구나 타인을 배려할 줄 아는 사람을 좋아한다. 이런 사람과 함께 있으면 존중 받는다는 느낌이 들기 때문이다.

플라톤은 "다른 사람에게 친절하고 관대한 것이 자기 마음의 평화를 유지하는 길이다. 남을 행복하게 할 수 있는 사람만이 행복을 얻을 수 있다"고 말했다.

친구를 얻는 유일한 방법은 그에게 친구가 되어 주는 것이다. 아낌없이 주면 배로 받는 것이 세상 이치다.

고통을 즐겨라

비만인 사람이 살을 빼기 위해서는 다이어트 혹은 운동을 해야 한다. 이때 먹고 싶은 음식을 참아야 하는 일은 그 어떤 것보다도 고통스럽다. 또 바쁜 시간 속에서 짬을 내 운동을 해야 하는 일은 귀찮기까지 할 것이다. 하지만 비만을 탈출하기 위해선 어쩔 수 없이 감내해야만 한다.

자신이 꿈꾸는 목적지를 향해 나아갈 때도 마찬가지다. 하루하루 목표를 향해 최선을 다하더라도 종종 시련이 닥치게 마련이다. 뿐만 아니라 자신이 투자한 만큼 성과가 나오지 않을 때도 있다.

그러나 그럴때도 꿈을 향한 초심을 잃어선 안 된다. 당장은 지치고 고통스러울 테지만 자신에게 확고한 꿈이 있기에 견뎌낼 수 있다.

고통을 고통으로 여기기보다 즐긴다면 어떨까? 산 정상에 도달하기 위해 힘들게 올라야 하는 과정으로 생각해라. 정상을 향해 한 걸음 한 걸음 내딛을 때는 고통스럽지만 정상에서 세상을 바라볼 때 느끼는 희열은 그 무엇과도 비교할 수 없을 것이다.

강한 신념을 가져라

채근담에 보면 이런 말이 있다.

"부지런하고 신념을 가진 사람에게 인생은 결코 짧은 시간이 아니다. 게으르고 신념이 없는 사람에게는 인생이 천 년이라도 만 년이라도 한 가지일 것이다. 하루하루가 겹쳐 한 달이 되고 일 년이 되고 십 년이 되듯, 인생의 위대한 사업도 서서히 그러나 꾸준히 변함없이 계속해 나가는 동안에 드디어 열매를 맺는다."

신념은 무쇠를 더욱 단단하게 해주는 담금질과 같다. 강한 신념은 반드시 자신이 원하는 바를 이루게 도와준다. 보이지 않는 천사가 있다면 그것은 바로 신념일 것이다.

봄이 오기 직전이 가장 추운 법이고 해뜨기 직전이 가장 어두운 법이다. 마찬가지로 성공의 문턱에 서 있을 때 가장 지치고 고통스럽다. 유명한 가치 투자자인 존 템플텐은 주가 폭락 시기에 좋은 기업을 골라내 투자했기 때문에 부자가 될 수 있었다. 이처럼 가장 어려운 시기에 황금 기회가 숨어 있다.

꿈과 목표를 잃지 않고 최선을 다해보자. 그러할 때 가슴속에 품었던 비전을 반드시 현실로 만들 수 있을 것이다.

마음의 힘

• 위기 속에서 희망의 씨앗을 발견하라

　옛말에 '모든 일은 마음먹기에 달렸다' 는 말이 있다. 이는 마음의 힘이 얼마나 대단한지를 알려주는 말이다. 상사가 어떤 힘든 일을 시켜도 '이 정도야 식은 죽 먹기지' 하고 생각한다면 일은 힘들지 않을 것이다. 또한 시련이 닥쳤다 해도 '위기는 기회라고 했어' 하고 생각한다면 위기 속에서도 희망의 씨앗을 발견할 수도 있을 것이다.

　어떤 어려운 수수께끼라도 다 풀 수 있는 지혜로운 노인이 살고 있었다. 어느 날 한 젊은이가 그 노인을 골탕 먹이려고 짓궂은 계략을 꾸몄다.

그는 등 뒤에 새 한 마리를 감추고 노인에게 새가 살았는지 죽었는지 맞춰보게 할 생각이었다. 그리고 노인의 대답에 따라 새의 목을 비틀 계획이었다.

그는 정말로 새 한 마리를 손에 쥐고 노인을 찾아갔다.

"어르신, 제 손 안에 있는 새가 살았는지 죽었는지 알아 맞춰 보세요."

노인은 말없이 젊은이의 눈을 바라보았다.

젊은이는 노인의 약점을 잡았다고 생각하며 속으로 노래를 불렀다.

한참동안 침묵이 흐른 뒤 노인이 말했다.

"그거야 자네 마음먹기에 달렸지."

마음먹기에 달린 것은 새의 목숨만이 아니다. 지금 여러분이 하고 있는 일이나 앞으로 계획하는 일의 성패도 달려 있는 것이다. 어쩌면 젊은이의 손에 감춰져 있는 새가 바로 당신이 꿈꾸는 성공인지로 모른다.

영화《터미네이터》,《유치원으로 간 사나이》,《토탈 리콜》 등으로 유명한 영화배우 아놀드 슈왈제네거. 그를 두고 근육질 몸매를 자랑하는 미국 영화배우 혹은 캘리포니아 주지사로 당선된 전직 영화배우쯤으로 여기는 사람들이 많다.

그러나 아놀드 슈왈제네거는 인생의 목표를 마음 깊이 새긴 뒤 '원한다면 무엇이든 가질 수 있고 할 수 있다'는 마음 하나로 꿈을 이룬 인물이다.

아놀드 슈왈제네거는 1947년 오스트리아 그라츠에서 태어났다. 그는 근육질 몸매를 자랑하는 지금과 달리 어린 시절 유난히 몸이 약했다. 그래서 체력을 키우기 위해 다양한 운동에 관심이 많았다. 그러다 우연히 열다섯 살 때 보디빌딩을 접하게 되었다. 그리고 보디빌딩에 푹 빠지게 되었고 미스터 유니버스 대회에 출전, 챔피언 타이틀을 거머쥐기까지 했다.

그는 근육질의 매력적인 몸으로 스물여덟 살 때인 1975년 영화 《청춘의 선택》에 전격 캐스팅 되어 제2의 인생을 살게 되었다. 그러나 이듬해 영화 《록키》로 큰 흥행을 한 실베스타 스탤론과 달리 1984년에 이르러서야 영화 《터미네이터》로 세계적인 스타가 되었다. 즉 10년 가까운 세월 동안 무명의 설움을 겪어야 했던 것이다.

하지만 그는 이 시기 동안 '마음의 힘'으로 견뎌냈다. 자신이 출연한 영화가 고전을 면치 못해도 늘 마음속에 희망을 잃지 않았다. 결국 1984년 영화 《터미네이터》로 10년 동안의 무명을 벗어버리고 갈망하던 꿈을 이룰 수 있었다.

아놀드 슈왈제네거는 마음먹기에 따라 얼마든지 인생을 개척할 수 있다는 것을 보여주었다. 거친 시련도 독하게 마음먹은 사람에게는 산들바람일 수밖에 없다. 이미 어떤 시련이 닥쳐도 반드시 극복하겠다는 마음 무장을 했기 때문이다.

성공철학자의 대가 나폴레온 힐은 "사람의 마음으로 인식되고 믿는 것은 모두 성취할 수 있다"고 말했다. 이 말은 자신의 꿈이 무엇이든 간에 확고한 믿음과 실천만 뒷받침된다면 반드시 이룰 수 있다는 말이다. 본인 또한 이 말의 증인이기도 하다.

나폴레온 힐은 미국 버지니아주의 가난한 집에서 태어났다. 여덟 살에 어머니를 잃고 새어머니 밑에서 자랐다. 그의 새어머니는 온화한 분으로 종종 아버지에게 "나폴레온은 자신의 지혜를 발휘할 줄 아는 영리한 소년이에요" 하고 칭찬 섞인 말을 했다. 따뜻한 관심을 받은 그는 새어머니와 마음을 털어 놓을 정도로 친했다.

그는 고등학교 때부터 잡지사 기자생활을 했다. 주로 성공한 사람들을 인터뷰한 후 기사를 쓰는 일이었다. 그가 스물다섯 살이 되던 해 그의 인생을 뒤바꿔 놓은 계기가 있었다. 그것은 다름 아닌 세계 최고의 갑부로 손꼽히던 강철왕 앤드류 카네기를 만난 것이다. 세 시간 가량 계속된 인터뷰 후에도 그는 카네기에게 시간을 좀 더 내어 달라고 부탁할 정도로 그와의 만남은 뜻 깊었다.

그 후 나폴레온 힐은 며칠 더 카네기와 추가 인터뷰를 했다. 인터뷰가 끝나는 마지막 날 카네기는 나폴레온에게 이런 제안을 했다.

"만일 내가 자네에게 성공철학을 프로그램화하는 일을 맡긴다면 어떻게 하겠나? 이 프로그램을 완성하는데 대략 20년 정도 걸릴 것 같은데, 경제적인 어려움을 견디며 완성할 수 있겠나?"

카네기는 덧붙여 말했다.

"자네라면 반드시 완성할 수 있을 거야. 뿐만 아니라 많은 부를 가질 수 있을 걸세."

나폴레온 힐은 카네기의 말에 용기를 얻었다. 그리하여 그는 카네기의 제안에 흔쾌히 승낙했다.

그는 '모든 일은 마음먹기에 달렸다' 는 일념하나로 성공철학을 프로그램화하는 일에 매달렸다. 다니던 직장도 그만둔 채 아무도 거들떠보지 않는 일을 하자 가족들의 눈초리는 곱지 않았다. 하지만 그는 20여 년 동안 자동차 왕 헨리포드, 코닥 창립자 이스트먼, 루즈벨트 대통령 등 수없이 많은 성공자들을 만났다. 그리고 자신이 만난 성공자들에게서 배운 성공철학을 하나씩 정리해 나갔다.

그는 주위 사람들의 비판과 반대에도 불구하고 결국 자신만의 성공철학을 완성할 수 있었다. 그는 1928년 자신의 성공철학을 한 권의 책으로 출간했다. 그 책은 출간과 동시에 폭발적인 인기를 얻어 베스트셀러 반열에 올라 그에게 많은 부와 명예를 안겨주었다.

17세기 런던에 대화재가 있은 뒤, 화재로 불타버린 세인트폴 대성당을 재건축 할 때의 일이다.

그 설계를 맡았던 크리스토피렌이 하루는 채석장을 찾아가서 돌을 다듬고 있는 석공들을 만났다.

그는 돌을 쪼개고 있는 한 사람에게 물었다.

"당신은 무엇을 하고 있습니까?"

그러자 그 사람은 짜증난다는 듯 몹시 퉁명스럽게 대답했다.

"보면 모릅니까? 돌을 다듬고 있지 않습니까!"

그는 또 다른 사람에게 질문을 했다.

"지금 무엇을 하고 있습니까?"

"먹고 살기 위해 죽으라고 고생하고 있소!"

그는 다시 옆에 있는 사람에게 물었다.

"당신은 지금 무엇을 하고 있습니까?"

"지금 저는 하나님의 성전을 짓고 있습니다. 저는 사실 죄를 짓고 감옥에 있을 때 거기서 돌 다듬는 기술을 배웠습니다. 그러나 지금은 감옥에서 나와 자유로운 몸으로 하나님의 성전을 짓기 위하여 돌을 다듬고 있지요. 성전을 짓는 일은 얼마나 기쁜 일인지 모릅니다."

똑같은 일을 하는데도 사람의 마음은 이렇게 다르다. 첫 번째 사람은 일에서 그 어떤 기쁨도 느끼지 못한다. 두 번째 사람도 마찬가지다. 그는 돌을 쪼개는 일이 세상 그 어떤 일보다도 고통스러울 것이다. 만일 그에게 다른 일자리나 약간의 경제적 여유만 생긴다면 낭장 일을 그만 둘 것이다.

그러나 하나님의 성전을 짓고 있다고 말한 사람은 자신이 하는 일이 얼마나 경건하고 고귀한 일인지 알고 있다. 뿐만 아니라 성전을 짓는 일을 하며 그동안 자신이 지은 죄에 대해 깊이 뉘우치며 희망적인 삶을 살 것이다.

일을 바꾸지 못한다면 마음을 바꾸어보라. 당신의 일이 그렇게 나쁘지만은 않다는 것을 깨닫게 될 것이다.

창의적인 사람이 되어라
• 자신만의 독특한 생각으로 새로운 길을 모색하라

한 청년이 중국으로 배낭여행을 가기로 했다. 이 말을 들은 그의 아버지가 여행사에서 배낭여행 상품을 알아보려고 하자 아들이 말했다.

"아버지 여행 스케줄은 제가 알아서 결정하겠어요."

아들은 우선 인터넷을 통해 여행 코스를 조사하고 자기 나름대로 가장 좋은 코스를 결정했다. 그리고 인터넷을 통해 같은 목적으로 여행하고 싶은 사람 10명을 모집했다. 다음에 가장 탑승자가 적은 날을 택해 비행기 표를 샀다. 중국에 가서는 기차 또는 자동차를 타고 여행했다. 그리하여 여행사 패키지로 가면 70

만원이 드는 비용을 40만원으로 절약할 수 있었다.

지금 시대는 청년과 같이 남들이 만들어 놓은 길을 가기보다 스스로 개척하는 창의력을 필요로 한다. 그는 해외여행이라는 문제를 정보화와 창의적인 생각으로 접근하여 비용문제를 해결했던 것이다.

만일 이 청년이 대학 졸업 후 어느 회사에 입사했다고 생각해 보자.

먼저 그 회사의 시스템을 익힌 다음 회사의 장단점은 무엇인지, 경쟁 회사와의 경쟁력은 어느 정도인지를 조사할 것이다. 또 이를 토대로 그는 회사의 장래를 전망하고 그 대비책까지 간구할 것이다.

사람들은 창의력을 가진 사람에게 흥미와 기대를 가진다. 창의력을 가진 사람에게는 그렇지 않은 사람들보다 특별한 능력이 있기 때문이다. 어떤 문제점이 있더라도 그 문제의 본질을 꿰뚫어 자신만의 탁월한 처방으로 해결한다. 때문에 이런 사람은 때때로 창의적인 생각으로 자신이 속한 조직을 구하기도 한다.

청년 시절 매사추세츠의 공예학원을 졸업한 사람이 있었다. 그런데 그는 학원을 졸업하자마자 갑자기 은행 업무 일이 하고 싶어졌다.

어느 날 그는 보스턴의 한 은행이 사원을 모집한다는 신문 광고를 보게 되었다. 그런데 그 광고에는 해당 은행의 이름이 기재되어 있지 않았다. 지망자는 서면으로 신청하라고만 되어 있을 뿐 그 외에 다른 사항은 지시되어 있지 않았다. 단 한 가지, 사서함 번호만이 있을 뿐이었다.

하지만 청년은 이 모집에 응시하기로 마음먹었다.

'단순히 편지로 입사 원서를 내는 것은 내 적성에 맞지 않아. 직접 찾아가서 대면할 뭔가 색다른 방법이 있을 거야'

이렇게 생각한 청년은 고민했다. 이윽고 기발한 아이디어가 떠올랐다. 그것은 사서함 번호였다.

그는 즉시 보스턴 우체국에 찾아갔다.

"말씀 좀 묻겠습니다."

우체국 직원은 퉁명스럽게 말했다.

"무슨 일이시죠?"

"이 신문 광고에 쓰여 있는 사서함 번호의 소유자가 누구인지 알고 싶은데요."

"저희로서는 알려드릴 수가 없습니다. 그건 저희 규칙이라서, 죄송합니다."

청년은 잠시 동안 궁리를 해 보았다.

잠시 후 좋은 방법이 떠올랐다.

이튿날 아침 일찍 그는 보스턴 우체국으로 달려왔다. 우체국 문이 열리자마자 사서함 쪽으로 급히 달려갔다. 문제의 그 사서함 번호 곁으로 다가선 그 청년은 주위를 둘러봤다. 아직은 한산한 분위기였다.

마침내 한 시간가량 지났을 때 한 은행직원이 나타났다. 그 직원의 손에는 편지를 집어넣을 수 있는 가방이 들려 있었다. 그

가방에는 뚜렷하게 은행의 이름이 새겨져 있었다.

그는 가방에 적혀 있는 은행으로 찾아갔다. 그리고 인사담당자에게 면회를 신청했다.

인사담당자는 의심스러운 듯한 표정으로 물었다.

"우리 은행이 사원을 모집하고 있다는 것을 자네는 어떻게 알았는가?"

"신문광고를 보았습니다."

"그래? 이상하군, 분명히 신문에는 우리 은행 이름이 없었을 텐데."

"맞습니다, 없습니다. 하지만, 알아낼 만한 단서는 있지요."

이 청년은 자기가 추리한 방법과 그리고 중요한 것으로 왜 자신이 그렇게 하였는가를 설명했다.

그의 말을 듣고 나자, 인사담당자는 갑자기 웃음을 터뜨렸다. 그리고 옆 책상 위에 쌓여 있는 편지 뭉치를 가리키면서 말했다.

"여보게, 이 편지 더미가 무엇인지 알겠나? 하지만 아직 나는 한 통도 읽지 않았네. 앞으로 이 편지를 읽을 필요도 없겠네. 지금 자네를 채용하기로 결정했기 때문일세."

은행은 이 청년에게 일자리를 주었다.

이 은행으로부터 인정받은 창의력의 소유자는 경제학자로서, 재정 방면의 권위자로 유명한 로자 밥슨이다.

로자 밥슨은 창의력 하나로 자신이 원하는 일자리를 얻었다. 만일 그가 다른 지원자들과 마찬가지로 서면으로 응시했더라면 그의 지원서 또한 휴지와 다를 바 없었을 것이다. 그러나 자신의 독특한 창의력이 많은 지원자들 중에서 가장 돋보이게 했을 뿐 아니라 능력을 극대화 시켰다. 이는 창의력이 그에게 기회를 제공한 것과 다를 바 없다.

칼릴 지브란은 말했다.

"인간의 미덕을 찾아볼 수 있는 것은 그가 끌어 모으는 재산에서가 아니라 그가 창조하는 얼마 안 되는 것들에서이다."

창조는 세상의 그 어떤 재산보다도 소중하고 가치 있다. 성경에 보면 이 세상도 하나님의 창조로 탄생했다고 적혀있다. 종교적 이념을 떠나 창조는 세상을 발명할 수 있을 만큼 위대한 에너지를 지니고 있다는 것이다.

레오 버스카클리아는 "창조성은 어려움에 처했을 때 다른 길로 인도하거나 새로운 길을 찾게 해준다"고 말했다. 그동안 우리는 살아오면서 때때로 창의력의 도움을 받아 위기를 극복하고 새로운 기회를 얻기도 했다.

이젠 다른 누군가가 이미 만들어놓은 틀에서 벗어나야 한다. 그 대신 자신만의 독특한 생각으로 새로운 길을 모색해야 할 때이다. 정형화된 사고는 자신의 능력을 소멸시키지만 창의적인 사고는 자신의 능력을 증폭시켜준다.

남과 다른 특별한 창의성 발휘가 성공으로 이어지는 척도가 된다. 누구나 하는 일을 하는 사람은 쉽고 편할지는 몰라도 경쟁자가 몰리게 마련이다. 반면 아무나 할 수 없는 일을 하는 사람은 경쟁자가 많지 않아 그만큼 성공하기가 쉽다. 그렇듯이 다른 사람들이 하지 않는 생각을 실천한다면 독창적인 것들이기에 성공을 향하는 지름길이 될 것이다.

삶이 행복해지는 다섯 가지 비결

• 장미 한 송이, 물 한 모금에서 행복을 찾아라

대개 행복하게 지내는 사람은 노력가이다.
게으름뱅이가 행복하게 사는 것을 보았는가!
노력의 결과로서 오는 어떤 성과의 기쁨 없이는
누구도 참된 행복을 누릴 수 없기 때문이다.
수확의 기쁨은 그 흘린 땀에 정비례하는 것이다.

-윌리엄 블레이크-

사람들이 말하는 '성공'도 결국엔 행복해지기 위해서이다. 누구보다 많은 돈을 벌거나 명예와 권력을 가진다면 그만큼 다양한 기쁨도 누릴 것이다. 이런 기쁨은 순간순간 행복을 가져다 줄 것이다.

사람들은 부자가 되면 행복할 수 있을 거라고 믿는다. 주위 사람들보다 넓은 아파트에서 생활하고 높은 배기량의 자동차, 명품 옷을 입으면 절로 행복하리라 믿기 때문이다.

그러나 행복은 물질과는 관계가 없다. 그것은 진정 생각하기에 달린 것이다. 돈을 최고로 여기는 사람은 행복의 가치를 돈에다 두었기 때문이다. 또한 권력이나 명예에 행복의 가치를 둔 사람은 그 속에 모든 의미를 부여했기 때문이다.

생 텍쥐페리의 어린왕자는 이렇게 말했다.

"아저씨가 사는 별의 사람들은 오천 송이의 장미를 정원에 재배하고 있지요. 그렇지만 사람들은 자신들이 찾는 것을 거기에서 발견하지는 못해요. 그들이 찾고 있는 것은 장미 한 송이나 물 한 모금에서 찾을 수 있을 거예요."

그리고 어린왕자는 눈으로 찾기보다 마음으로 찾으라고 덧붙였다. 우리가 찾는 행복은 눈에 보이는 외부에서 찾으려 해선 안 된다. 자신의 마음, 즉 내부에서 찾아야 하는 것이다. 만일 외부에서 행복을 느낀다면 그리 오래 지속되지 않을 것이다. 욕심 그릇이 가득 찰 때마다 새로운 것으로 채워야하는 고통도 따르게 마련이다.

우리 주위는 행복으로 가득하다. 다만 그 행복을 깨닫지 못했기 때문에 자신이 불행하다고 생각되는 것이다.

어떤 사람은 아침에 눈 뜰 때 살아 있다는 것만으로도 행복을 느낄 것이다. 또한 직장에서 일의 즐거움과 보람을 느낄 때마다 행복하다고 여길 것이다. 사랑하는 사람과 함께 하는 시간 속에서 달콤한 행복을 맛볼 수도 있다. 이외에도 우리에게 행복을 느끼게 해주는 것은 헤아릴 수 없이 많다.

지금 이 순간에도 돈과 명예, 권력이야말로 행복을 가져다준다고 말하는 사람들이 있다. 하지만 그들은 그것들이 행복을 가장한 불행의 구속이라는 것을 알지 못하기 때문이다. 이 세 가지에 행복의 의미를 둔다면 더 많은 돈과 명예, 권력에 집착하게 된다. 그러다보면 훗날 불행의 늪에서 행복을 찾는 자신의 모습을 발견할지도 모른다.

나는 당신에게 삶이 행복해지는 다섯 가지 비결을 말해주겠다. 지금 제시하는 이 다섯 가지만 잊지 않고 실천한다면 보다 행복한 삶을 살 수 있을 거라고 확신한다. 행복은 결코 멀리 있는 것이 아니라 자신과 가장 가까이, 즉 생활 속에 숨어 있기 때문이다.

여유를 가져라

시세로는 말했다.

"행복하게 산다는 것은 마음의 평온함을 뜻한다."

아침 이불 속에서의 5분은 평소 50분보다 더 간절하다. 하지만 그렇게 이불 속에 있다 보면 어느새 전쟁 같은 출근 대열 속으로 달려가는 자신을 보게 될 것이다.

'5분 더'를 외치기보다 이불을 박차고 나오라. 그리고 신선한 공기를 들이마시며 가벼운 스트레칭으로 아침을 맞이하자. 차를 마시며 하루 동안의 스케줄을 점검해본다면 아침을 두 배로 여유롭게 보낼 수 있다. 이렇게 아침을 여유롭게 시작하면 하루를 활기차게 보낼 수 있을 것이다.

멘토를 찾아라

주위 사람들 중에 닮고 싶은 사람을 찾아보자. 그리고 그 사람과 대화를 나누는 동안 그에게서 자신이 배우고 개선해야할 것은 무엇인지 파악해보라. 자신의 부족한 부분을 보완하고 개선하는 동안 한층 더 업그레이드된 자신을 발견할 수 있을 것이다.

조금씩 발전하는 자신의 모습을 보는 일은 그 어떤 일보다 행복하다.

상대를 친구처럼 대하라

어느 추운 겨울날 찐빵 장수와 이불 장수가 거리에서 눈보라를 피하고 있었다. 해가 지자 찐빵 장수는 매우 추웠고, 이불 장수는 배가 고팠다.

잠시 후 배가 고픈 찐빵 장수가 말했다.

"찐빵 하나 더 먹어야지."

이불 장수도 말했다.

"이불 한 장 더 덮어야지."

이런 식으로 찐빵 장수는 혼자서 모든 찐빵을 먹었고 이불 장수는 모든 이불을 덮었다. 그 누구도 먼저 상대에게 도움을 청하지 않았다. 결국 찐빵 장수는 얼어 죽고 이불 장수는 굶어죽고 말았다.

누군가에게 대접받으려면 먼저 그에게 베풀어야 한다. 누군가에게 도움을 받으면 그도 자신이 받은 이상을 돌려주기 때문이다. '받으려하기보다 먼저 베풀어라' 는 말의 이유가 여기에 있다.

계약이 아닌 관계 속에서 지내라

관계 형성에 힘써야 한다. 너와 나 사이를 이해타산을 따지는 계약으로 여긴다면 그 어떤 발전도 기대할 수 없다. 반면 관계로 생각한다면 서로 마음을 열게 될 것이다. 이러할 때 적이 동지가 되고 친구가 될 수 있다.

누군가를 이용해 이룬 성공은 단기적인 것에 불과하다. 그러나 관계 형성에 적극 노력한 후에 이룬 성공은 오래도록 지속될 것이다. 뿐만 아니라 그 어떤 성공보다도 값지고 의미가 있다.

가족과 친구들에게 소홀히 하지 마라

세상에서 가장 중요한 것은 '사람' 이다. 그 중에서도 가족과 친구들이다. 언제나 따뜻한 관심과 시선으로 지켜봐주는 사람들이 그들이기 때문이다. 만일 자신이 곤경에 처했다면 가장 먼저 구원의 손을 내밀어주는 사람들 역시 그들이라는 것을 잊어선 안 된다.

어떤 성공도 가족과 친구들의 도움 없이는 불가능하다. 지금 우리가 웃을 수 있는 것은 나를 사랑해주는 가족과 친구들이 있기 때문이다. 주위 사람들에게 소홀히 하면서 성공을 꿈꾸고 행복을 바라는 사람은 참으로 어리석은 사람이 아닐 수 없다.
빅토르 위고는 말했다.
"인생에 있어서 최고의 행복은 우리가 사랑받고 있다는 확신이다."

행복의 씨앗은 사소함 속에 숨어 있다. 매일 바쁘게 달려가는 출근길과 사소하게 생각했던 주위 사람들과의 관계 속에 있는 것이다. 그러나 사람들은 행복은 성공후에 자연히 부수적으로 따라오는 것이라고 생각한다. 이는 뿌리 없는 나무에 열매가 달리기를 기대하는 것과 다를 바 없다.
진정 행복하고 싶다면 자신에게 가장 중요한 것이 무엇인지 생각해보아야 한다. 돈이나 명예, 권력 등 행복을 가장하고 있는 것들에 현혹되지 말아야 한다. 그러한 것들 때문에 가장 소중한 것을 잊어버린다는 것은 스스로 행복주머니를 버리는 것과 같다.
사소한 공기가 없다면 우리는 생명을 이어갈 수 없다. 이처럼 사소한 것에 우리가 찾는 행복의 씨앗이 숨어 있다는 것을 잊지 말자.

스스로 한계를 정하지 마라

• 한계를 정하는 사람은 자기 자신이다

지칠 줄 모르는 사람들이 있다.
그들의 특성 가운데 하나는
그들의 에너지가 결코 고갈될 줄 모른다는 것이다.
자신의 한계를 극복하겠다는 흥분감,
기쁨과 고통이 뒤섞여 있는 바로 그 흥분감이
그들로 하여금 한계량 이상의 에너지를
방출하게 만드는지도 모른다.
그들의 에너지는 흥분하게 되면 왕성한 분출로
고갈되기는커녕 오히려 더욱 흘러넘친다.

피에르 쌍소의 《느리게 산다는 것의 의미》 중에서

성공자와 실패자의 차이점이 있다면 무엇일까? 그것은 바로 자신의 일에 대한 넘치는 에너지일 것이다.

두 대의 자동차가 있다. 한 대의 연료탱크에는 휘발유가 가득 채워져 있지만 다른 한 대는 반 밖에 차 있지 않다. 과연 어느 자동차가 목적지까지 갈 수 있을까?

휘발유가 가득 채워진 자동차가 목적지까지 무사히 당도할 수 있을 것이다. 멈추지 않고 달릴 수 있는 연료, 즉 에너지가 있기 때문이다. 우리도 마찬가지다. 자신이 원하는 분야에서 성공을 하기까지는 에너지가 충만해야 한다. 에너지가 가득할 때 목표를 향해 꾸준히 나아갈 수 있다.

사람들은 성공의 문턱에서 쉽게 포기해버린다. 이는 눈앞에 정상의 고지를 두고 숨이 턱까지 차오르는 고통을 견뎌내지 못했기 때문이다. 정상에 오르지 못한 채 돌아선다면 그동안의 모든 노력은 허사가 되고 만다. 뿐만 아니라 정상에 오르기 위해 쏟아 부은 시간은 결국 실패를 위한 시간이 되고 마는 것이다.

일을 향한 에너지는 자신의 한계에 맞설 때 솟아난다. 이는 마치 무거운 바벨을 들어 올릴 때 팔 근육에 극심한 통증과 함께 근육이 커지는 것과 같다. 시련을 극복하고 자신의 한계를 뛰어넘을 때마다 에너지가 샘솟는 것이다.

어느 성공자는 시련을 극복했을 때 어떤 말로도 표현할 수 없는 흥분을 느낀다고 한다. 그가 느낀 흥분은 기쁨과 고통이 뒤섞여 있는 에너지였을 것이다. 이런 에너지는 시련에 대한 면역이 될 뿐 아니라 더 큰 목표를 향하게 하는 추진 장치가 되어준다.

의족의 복서가 KO승으로 재기해 미국 스포츠팬들에게 깊은 감동을 주었다. 감동의 주인공은 크레이크 보자노프스키였다.

그는 오토바이 사고로 인한 우측다리 절단으로 의사로부터 재기불능의 판정을 받았다. 그는 사고가 나기 전까지만 해도 13전 전승 무패를 자랑하는 촉망받는 권투선수였다. 가족들과 주위사람들은 그에게 더 이상 권투를 할 수 없다며 포기하라고 말했다.

그러나 그는 절망을 딛고 고무로 된 의족을 하고 다시 권투에 도전했다. 그리고 교통사고 후 18개월 만에 의족의 복서로 재기할 수 있었다.

프로데뷔 14연승을 올린 그는 감동에 젖어 이렇게 말했다.

"장애인들에게 용기를 줄 수 있게 되어 한없이 기쁩니다. 나는 오늘의 승리보다 나 자신과의 싸움에서 이긴 것에 더 큰 의미를 부여하고 싶습니다."

오토바이 사고는 크레이크 보자노프스키에게 절망이 아닌 더 큰 희망을 꿈꾸게 했다. 그 희망은 열망을 불러일으켰고 마침내 그를 재기에 성공하게 했다.

C. 슈와프는 "사람은 그 자신이 무한한 열정을 품고 있는 일에는 대부분 성공한다"고 말했다. 갑자기 닥친 시련도 그의 열정을 꺾지는 못했다. 목표를 향한 에너지, 열정 속에는 이 지구도 올릴 수 있는 힘이 깃들여 있다.

미국 메이저 골프대회인 드 모리어클래식에서 우승을 차지한 청각장애인 여자 골퍼 마르타 노스. 그녀는 지난 1992년 귀 신경을 크게 다쳐 골프를 할 수 없다는 판정을 받았다. 하지만 불굴의 의지로 재기해 결국 우승을 차지했다.

그녀는 우승이 확정된 순간 소감을 묻는 기자들의 질문에 의사들은 거짓말쟁이라고 말했다. 그리고 2년 동안의 병마와 고통을 이겨내고서 얻은 승리의 기쁨을 만끽했다.

그녀는 지난 1978년 프로에 데뷔한 후 지금까지 통산 2승밖에 올리지 못했다. 그런 그녀가 청각장애인이 된 후 오히려 메이저 대회에서 우승을 차지한 것이다. 이는 시련에 부딪칠수록 강해지는 인간의 강인한 면모를 다시 한 번 느끼게 한다.

가장 힘든 싸움은 바로 자기 자신과의 싸움이다. 이는 그 누구보다 자신에 대해 잘 안다고 생각하기 때문이다. 그러나 대부분의 사람들은 자신이 생각하는 만큼 스스로에 대해 깊이 알지 못한다. 자신에게 얼마나 무한한 잠재력과 용기와 의지력이 있는지…….

지피지기백전불태(知彼知己百戰不殆)라고 했다. 이와 마찬가지로 자신에 대해 알고 싸우면 어떠한 한계도 뛰어넘을 수 있을 것이다.

두 팔이 없는 장애를 딛고 미식축구선수가 된 로니 웨스트. 그가 살아온 4반세기의 삶은 끊임없는 자기 자신과의 싸움이었다.

그는 어머니의 약물복용으로 태어날 때부터 두 팔이 없이 태어났다. 그러나 그는 그런 장애에도 불구하고 여섯 살 때부터 수영을 시작했다. 그리하여 10년간 장애인 체육대회에 출전했으며, 미식축구사상 처음으로 두 팔이 없는 미식축구선수가 되었다. 뿐만 아니라 장애인 수영대회에서 5개의 세계기록까지 보유했다.

그는 "나는 두 팔이 없습니다. 그렇지만 스포츠를 좋아하며 내 스스로 만능 스포츠맨으로 자부합니다"라고 자신 있게 말했다.

하지만 미식축구선수 생활이 쉽지만은 않았다. 포지션이 키커였지만 가끔 태클을 해야 했고, 필드골 시도도 봉쇄해야 했기 때문이다. 무엇보다 그를 가장 괴롭히는 것은 팔 없는 장애인을 키커로 내세웠다는 상대선수들의 비난이었다.

그런 그에게 동료들은 큰 힘이 되어 주었다. 동료들은 그에게 격려를 아끼지 않았으며, 그는 경기를 거듭할수록 자신감을 가질 수 있었다.

세상의 모든 한계는 그 누구도 아닌 스스로가 만들어낸 것이다. '나는 안 돼', '여기까지가 한계인가 봐' 이런 부정적인 말들은 앞길을 가로막고 방해한다. 이처럼 스스로 만들어낸 한계 때문에 수많은 사람들이 밝은 현실보다 암울한 현실에서 살아가고 있는 것이다.

이제 더 이상 스스로 한계를 정하는 어리석은 사람이 되지 말아야 한다. 스스로 한계를 정하는 사람은 기름이 부족한 자동차와 같다. 결국 꿈을 향한 여정의 중간에서 멈춰서버리고 말 것이다.

이제부터 어떤 일이 있어도 한계를 극복해야만 한다. 한계라는 보이지 않는 투명 문을 열어젖혔을 때 성공깃발을 꽂을 수 있는 고지가 나타날 것이다. 인생의 주인은 자신이듯 한계를 정하는 사람 또한 자기 자신임을 잊지 말자.

PART 3

에너지 버스를 타라

성공코드, 호기심을 훔쳐라

• 호기심으로 성공의 문을 열어라

흥미를 가져라.
당신의 마음이 흥미를 잃으면
당신은 정력과 생명력을 잃게 된다.
당신의 마음이 흥미를 잃게 되면,
아무런 일을 하지 않았는데도
당신은 그만 지쳐 버리고 만다.
당신은 결코 지쳐서는 안 된다.
그러니 뭔가 의미 있는 일을 찾고
그 일에 흥미를 가져라.

뭔가 의미 있는 일에 철저히 몰두하라.
그 일에 당신 자신을 남김없이 쏟아 부어라.
당신 자신을 온전히 바쳐라.

노먼 빈센트 필의 《적극적 사고방식》 중에서

잘 나가가는 사람들, 즉 성공자들은 호기심이 강한 사람들이다. 그들은 자신의 분야뿐 아니라 다른 사람들의 분야까지 관심을 가진다. 관심이 있다 보니 직접 그 일에 뛰어들기도 한다. 그리하여 그 일이 주는 특별한 매력에 빠지기도, 장단점과 자신의 성격을 접목시켜 황금기회로 변모시키기도 한다.

'시가 2,999억 달러에 달하는 회사', 세계시장에서 가장 가치가 높은 회사'가 있다. 바로 '마이크로소프트사'를 일컫는 말이다.

빌 게이츠는 이런 말을 했다.

"만약 어느 날 아침에 깨어보니 회사 건물이 화재로 잿더미가 되어있다고 합시다. 하지만 나에게 20명의 우수한 인재의 직원만 있다면 빠른 시일 내에 모든 것을 다시 원상태로 복구할 수 있습니다."

빌 게이츠는 사람의 소중함을 누구보다 잘 알고 있었다. 그는 종종 사람들에게 자신이 속한 회사제품에 대한 호기심을 가지라고 말했다. 호기심이 있어야 일에 대한 흥미를 느낄 수 있다.

"자신이 근무하는 회사 혹은 부서의 제품에 대해 호기심을 가지는 일은 매우 중요합니다. 여러분은 반드시 그 제품을 사용해 봐야 성능 및 장단점에 대해 알 수 있습니다."

그의 말은 어쩌면 당연한 말인지도 모른다. 호기심이야말로 집중력과 열정을 끌어낼 수 있기 때문이다. 기업의 발전은 직원들의 주인의식으로부터 시작되며, 주인의식은 회사 제품에 대한 사랑에서 비롯된다.

호기심과 흥미는 빌 게이츠의 성공코드이기도 하다. 어렸을 때부터 유난히 호기심이 많았던 그는 열세 살 때 최초로 소프트웨어 프로그램을 만들 정도로 컴퓨터광이었다. 호기심은 그로 하여금 컴퓨터에 흥미를 느끼게 해 밤 새워 컴퓨터에 관한 지식을 연구하게 했다. 강한 호기심이 오늘날의 그를 있게 한 것이다.

커넬이라는 노인이 있었다.

커넬은 자기가 소유한 식당 및 숙박업을 몇 년 동안 경영해왔다. 그는 약 2십만 달러의 돈을 받고 사업을 넘길 것을 제의 받았으나 아직 은퇴할 생각이 없다는 이유로 거절했다.

2년 후 주정부에서 그의 사업장을 우회하는 새로운 간선 고속도로를 건설했다. 그로 인해 1년도 채 되지 않아 커넬은 모든 것을 잃고 말았다. 그는 65세에 완전히 파산을 하게 되었다. 그에게는 사회 보장 제도로 나오는 적은 액수의 금액 이외에는 어떤 수입도 없었다.

그러나 그는 자신을 소중히 여기는 사람이었다. 그래서 포기하기보다 자신이 할 수 있는 일이 무언가 있으리라 믿었다. 그가 가장 자신 있고 흥미를 느끼는 일은 치킨을 요리하는 일이었다. 그는 어느 누군가는 자신의 지식을 필요로 할 것이라고 생각했다. 그는 자신의 아이디어를 팔기 위해 고물 차에 압력 조리기를 싣고 길을 떠났다.

그는 호텔에서 숙식할 돈이 없어 차 안에서 자야했다. 뿐만 아니라 모든 식당이 그의 제의를 거절했다. 그는 하루하루 암울했지만 결코 포기하지 않았다. 오히려 그럴 때마다 자신에 대한 믿음을 더욱 강하게 가졌다. 비로소 커넬은 1009번 거절당한 후에야 그의 꿈을 믿어 주는 사람을 발견할 수 있었다.

몇 년 후 커넬은 자신만의 식당을 열게 되었다. 이 식당은 전 세계에 퍼져 있는 KFC 수천 개 지점의 출발점이 되었다.

바로 켄터키 프라이드 치킨(KFC)을 세운 커넬 샌더스이다.

커넬 샌더스는 나이나 사업의 실패를 이유로 포기하지 않았다. 그에게는 어떤 시련도 일에 대한 흥미를 가로막지 못했기 때문이다. 그는 오늘날 세계적으로 유명한 성공자가 되었다.

사실 그는 자신의 사업을 망하게 한 주정부를 상대로 소송을 걸 수도 있었다. 살아온 날이 살아갈 날보다 많은 그는 모든 것을 포기한 채 정부에서 나오는 연금으로 살아갈 수도 있었다.

그러나 그는 그렇게 하지 않았다. 바로 자신을 아끼고 사랑했기 때문이다. 자신에 대한 믿음을 저버리지 않았기 때문에 꿈을 꿀 수 있었다. 그 꿈은 식지 않은 흥미가 더해져 비로소 현실이 되었던 것이다.

'사람은 자신이 믿는 대로 된다'는 말이 있다. 그는 자신의 능력을 믿었기 때문에 주저하거나 포기하지 않을 수 있었다. 결국 자신을 향한 믿음과 포기하지 않은 인내, 일에 대한 흥미가 상상할 수 없을 만큼의 성공을 안겨주었던 것이다.

낙관주의자 vs 비관주의자

• 성공으로 나아가게 하는 힘, 낙관주의

　사람들은 성인병 예방을 위해 많은 노력을 기울인다. 하지만 신체적 건강보다 더 위험한 것은 정신 건강이다. 셀리그만 박사에 의하면 비관주의는 개인의 능력과 재능을 떨어뜨리고 의욕을 저하시킨다고 한다. 급기야 우울증을 유발해 정신 건강을 해친다는 것이다.
　낙관주의자는 언제나 밝고 즐겁다. 남들이 보기에 사소한 일도 매우 보람 있고 즐겁게 생각한다. 또한 자신의 주위에서 벌어지는 모든 일들을 긍정적인 시각으로 바라본다. 때문에 어떤 문제점이 생기더라도 크게 당황하지 않을뿐더러 곧 그 늪에서 빠겨나올 수 있는 것이다. 이런 낙관적인 성격은 정신을 건강하게 한다.

사람들 중에 "낙관주의자가 되려면 어떻게 해야 하나요?" 하고 묻는 사람도 있을 것이다. 비관적인 성격의 소유자가 낙관주의가 되는 것은 그리 어렵지 않다. 부정적인 생각을 몰아낸다면 자연히 긍정적인 생각이 고일 테고, 저절로 낙관주의자로 변화될 것이다.

김 대리는 하루 동안 고객들로부터 100번의 전화 세일즈를 거절당했다. 어떤 날에는 몇 번 거절당했는지 숫자도 세지 않을 정도였다. 하지만 그녀는 결코 포기하지 않았다. 현재 그녀는 자신이 다니고 있는 생명보험 회사에서 가장 실적이 높은 영업사원으로 손꼽힌다.

반면 박 대리는 같은 회사에서 석 달 만에 그만두고 말았다. 그녀는 영업활동 첫 날에 무례한 고객으로부터 참을 수 없는 모욕을 당했다. 마음에 심한 상처를 입은 그녀는 계속 전화 세일즈를 해야 할지 회의감이 들었다. 그녀는 자판기에서 뽑은 커피를 마시며 책상 위의 서류만 뒤적거렸다. 자연히 석 달 동안 그녀의 실적은 부서에서 가장 낮았다. 동료와 상사의 눈치를 보던 그녀는 스스로 직장을 그만두고 말았다. 현재 그녀는 동네 마트에서 쥐꼬리 만 한 월급을 받으며 생활하고 있다.

사람들 중에 "어떻게 매일 이런 일을 할 수 있어?", "사는 게

지긋지긋해" 라고 말하는 사람이 있다. 비관주의자는 말할 때 주로 부정적인 말만 하는 경향이 있다. 언어습관은 성공 혹은 실패를 낳는 일등공신이다. 성공자들은 늘 밝고 긍정적인 말을 하는 반면 실패자들은 부정적인 말로써 실패의 씨앗을 낳는다. 그래서 결국 그 실패의 씨앗 때문에 원치 않았던 실패를 하게 되는 것이다.

"나는 매일 성공하고 있어", "언젠가 좋은 일이 있을 거야" 하고 긍정적인 말을 하는 습관을 가져야 한다. 긍정적인 말을 하는 것만으로도 긍정적인 사고를 가지게 되는 것이다. 사고는 말과 행동에 지배를 받기 때문이다.

부정적인 사고는 비관주의자가 되게 한다. 비관주의자는 눈앞에 기회를 두고도 '어쩌면……' 이라는 실패를 생각한다. 이는 스스로 실패를 불러들이는 것과 다를 바 없다. 이런 사람이 성공을 한다면 기적이 일어난 것과 같을 것이다.

내 주위에는 항상 부정적인 말을 내뱉는 친구가 있었다. 그는 일이 틀어질 때마다 "그러면 그렇지 이럴 줄 알았어", "왜 나한테만 이런 일이 생길까?", "난 절대로 좋은 기회를 발견할 수 없을 거야" 하고 말했다. 그 친구가 하는 말 중에 '왜 나한테만', '절대로' 라는 표현은 부정적인 상황으로 유도하는 단어이다. 이런 말을 자주 사용하는 사람들의 특징은 실패자에 가깝다는 것이다.

산업계의 거장 로스 페롯은 이렇게 말했다.

"많은 사람들은 그들이 성공을 이루기 직전에 포기한다. 그들은 성공이라는 게임의 마지막 순간, 말하자면 한 발짝 이전에 포기해 버리는 것이다."

승자는 그렇지 않은 사람보다 한 걸음 더 내디딘 사람이다. 그들을 움직이는 원동력이 바로 낙관주의이다.

펜실베니아 대학 심리학자 해놀드 줄로우와 셀리 셀리그만 교수에 의하면, 1948년 이후 미국 대통령 선거운동에서 강력한 희망을 제시한 후보 10명중 9명이 당선되었다. 캘리포니아 대학의 심리학자인 데이비드 시어스는 "유권자들을 자극하는 희망의 위력은 보다 적극적인 사람을 좋아하는 사람들의 취향과 맞아떨어지는 것이다"라고 말한 바 있다. 그를 포함한 심리학자들에 따르면 사람들에게 보다 적극적으로 보이는 것이 인간적인 매력을 더욱 느끼게 한다는 것이다.

이 연구는 각 도시에 대하여 그리고 돈이나 경력 또는 다른 사항에 대해서도 부정적으로 말하는 사람보다 열정을 갖도록 만드는 사람이 청중들에게 더 선호되고 있다는 것을 말해주고 있다.

낙관주의자는 그렇지 않은 사람보다 밝고 쾌활하다. 그런 모습은 남들에게 매력적으로 보이게 마련이다. 때문에 사람들로부터 쉽게 호감을 얻는다. 사람들에게서 호감을 얻는 것만큼 더 큰 성공 비결은 없다. 이런 사람은 가까이 다가가고 싶고 친밀한 사람이 되고 싶은 감정이 들게 한다. 어느 누구도 이런 사람에게 정보를 알려주고 기꺼이 도움을 주고 싶어 할 것이다. 낙관주의자가 비관주의자보다 성공할 확률이 높은 이유는 여기에 있다.

　우리는 희망적인 삶을 살아야 한다. 희망적인 삶을 살 때 생활이 즐겁고 인생의 참맛을 느낄 수 있다. 뿐만 아니라 하는 일에도 능률이 오른다. 이는 행복한 삶, 성공된 삶으로 가는 지름길이다.

인생의 지도와 나침반을 챙겨라

• '이렇게 살아선 안 되는데…….'라는 생각이 들 때 떠나라

하버드 MBA과정 재학생들을 대상으로 목표 설정에 관한 연구가 진행된 적이 있었다. 뚜렷한 목표를 세우고 그것을 달성하기 위한 구체적인 계획을 세운 학생은 전체의 3%였다. 반면 13%는 목표는 뚜렷했지만 구체적인 실천계획은 없었다.

흥미로운 사실은 그들의 졸업 후 수입이다. 목표와 계획이 뚜렷했던 3%는 나머지 97%의 평균수입 10배에 달하는 수입을 올리고 있었다. 목표만 있던 13%는 나머지보다 평균 2배의 수입을 올리고 있었다.

목표와 계획이 같은 강의실에 앉아 있던 사람들의 운명을 바꾸어 버린 것이다.

지그 지글러는 말했다.

"목표는 구체적이어야 한다. 구체적인 목표가 없는 사람은 자신이 어떤 일을 해야 할지, 또 어떻게 해야 할지 모른다."

여행자가 꼭 챙겨야할 것은 지도와 나침반이다. 그 두 가지가 없다면 처음 가고자 했던 목적지가 아닌 엉뚱한 곳에 도착할 것이다.

마찬가지로 여러분도 인생의 지도와 나침반을 챙겨야 한다. 그것은 다름 아닌 목표와 계획이다. 목표는 자신이 가고 싶은 곳을 알게 해주며 계획은 그곳으로 보다 쉽고 빨리 갈 수 있는 길을 제시한다.

그러나 대다수의 사람들은 지도와 나침반 없이 여행하듯이 살아간다. 자신이 어떤 일을 원하는지, 그것을 하기 위해선 어떻게 해야 하는지 알지 못한다. 그들은 관심조차 없다고 말하는 게 좀 더 솔직한 표현일 것이다.

목표와 계획 없이는 늘 제자리걸음일 수밖에 없다. 자신이 있는 위치도 알지 못하는데 어떻게 원하는 곳으로 갈 수 있을까? 마음속으로 '이렇게 살아선 안 되는데……' 하고 생각하면서도 어제와 다를 바 없는 생활을 할 것이다.

며칠 전 나는 백화점에 들렀던 적이 있었다. 그때 마침 이벤트 행사를 하고 있었던 터라 공짜로 주어지는 사은품을 받았다. 쇼핑을 마치고 집으로 돌아왔을 때 이벤트 행사로 받은 사은품을 살펴보았다. 그것은 정작 나와는 무관한 주방에서 쓰는 반찬통이었다. 그것은 나에게 쓸모없을 뿐 아니라 오히려 자리만 차지하고 있었다. 그래서 옆집에 사는 아주머니에게 줘버렸다. 아주머니는 고맙다고 거듭 인사했지만 나는 손가락에 박힌 가시를 빼낸듯 속이 다 시원했다.

나에게는 분명 꼭 이루고 싶은 꿈이 있고 그 꿈을 이루기 위한 목표와 계획이 있다. 또한 꿈을 이루고 싶은 이유도 알고 있다. 무엇보다 가장 중요한 것은 현재 나는 원하는 것을 이루기 위해 최선을 다하고 있다는 것이다.

공짜로 주어지는 사은품 같은 인생을 살아선 안 된다. 공짜심리에 젖게 되면 진지한 삶을 살 수 없다. 인생의 주체인 자신은 없고 그 자리에 다른 누군가가 주인 행세를 할 것이다. 중요한 순간마다 다른 누군가가 선택하고 결정을 내릴 것이다.

인생을 자동차에 비유할 수 있다. 그리고 여러분은 자동차를 운행하는 사람에 비유할 수 있다. 아무리 성능이 좋은 자동차라도 혼자서는 어떤 곳으로도 갈 수 없다. 여러분이 시동을 걸고 액셀러레이터를 밟을 때 비로소 움직이는 것이다. 그러나 이때에도 여러분은 목적지로 보다 빠르게 갈 수 있는 길을 알고 있어야 한다. 그렇지 않다면 목적지로 가기 위해 거듭 시행착오를 겪을 것이다.

구체적인 목표와 계획을 세운다면 시행착오를 겪지 않아도 된다. 또한 보다 즐겁고 행복한 인생을 살 수 있다. 목표를 하나씩 성취할 때마다 인생이 주는 참맛을 느낄 것이기 때문이다.

지금 사는 게 재미가 없다고 느껴진다면 자신에게 질문해보라.

"내 꿈은 무엇일까?"

"지금 내가 하고 있는 일은 정말 하고 싶은 일일까?"

이 질문에 금세 대답을 할 수 있는 사람은 그나마 행복한 사람이다. 자신의 꿈이 무엇인지, 어떤 일을 하고 싶어 하는지 알고 있기 때문이다.

반면 "글쎄……" 하고 고개를 갸웃거리는 사람은 지금 불행하다는 생각이 드는 이유조차 알지 못하는 사람이다. 이런 사람에게는 다람쥐 쳇바퀴 돌듯 불행한 삶이 이어질 것이다.

모든 문제에는 원인이 있다. 어떤 사람은 문제의 원인을 찾아 개선할 테지만, 또 다른 사람은 알고도 모른 척할 것이다. 전자는 스스로 행복을 가꾸는 사람이지만 후자는 불행의 늪 속으로 걸어 들어가는 사람이다.

여행에서 오는 즐거움을 만끽하기 위해선 철저한 사전준비가 필요하다. 그렇듯이 한번뿐인 인생을 만끽하기 위해서도 철저한 준비가 필요하다. 무엇보다 자신이 가장 가치 있게 생각하는 것이 무엇인지 알아야 한다. 그리고 그 테두리 안에서 목표와 계획을 세운다면 분명 의미 있는 삶이 될 것이다.

내 인생의 워크북을 만들어라

• 에너지를 끊임없이 충전하라

성공자들의 곁에는 늘 힘이 되어주는 사람이 있었다. 그 덕분에 시련이 닥쳐 깜깜한 암흑이어도 그가 있어 다시금 용기를 낼 수 있었다. 여러분에게도 그런 존재가 필요하다.

그러나 힘이 되어주는 존재가 꼭 사람일 필요는 없다. 나는 평소 좋아하는 명언이 적힌 수첩을 가방에 넣어 다닌다. 힘들거나 포기하고 싶어질 때 명언과 성공일기들을 보며 힘을 얻는다. 수첩에는 명언과 성공일기, 나의 강점 등이 적혀 있다. 나는 수첩을 펴볼 때마다 따뜻한 위안과 함께 할 수 있다는 자신감을 얻는다.

나는 여러분만의 워크북을 만들라고 조언하고 싶다. 그 워크북은 여러분의 든든한 받침목이 되어줄 것이다.

다음은 내가 활용하고 있는 워크북 만드는 방법이다. 워크북은 누구나 손쉽게 만들 수 있다.

평소 좋아하는 명언을 기록하라

작은 수첩이나 노트에 평소 좋아하는 명언을 적어 보자. 지치거나 힘이 들 때 명언들을 음미하다보면 많은 힘이 될 것이다. 나 역시 마음먹은 일들이 뜻대로 되지 않을 때 평소 내가 좋아하는 명언을 읽는다.

"성공을 확신하는 것이 성공에의 첫걸음이다."
-로버트 슐러-

"양손을 주머니에 넣고서는 성공의 사다리를 오를 수가 없다."
-엘마 윌러-

이런 명언을 각각의 키워드에 따라 적어둔다면 쉽게 찾을 수 있다.

좋은 명언은 인생의 스승과도 같다. 마음이 흐트러질 때 초심을 잃지 않도록 마음의 채찍질이 되어줄 것이다.

주위 사람들에게 긍정적인 에너지를 전하라

사람의 몸에는 에너지가 흐른다. 에너지는 긍정적인 에너지와 부정적인 에너지로 나눌 수 있다. 긍정적인 에너지는 상대방에게 기쁨과 열정을 전해준다. 반면 부정적인 에너지는 슬픔과 좌절을 전염시켜 있는 의욕마저 잃어버리게 한다.

성공적인 삶을 살기 위해서는 주위 사람들과 조화롭게 지낼 수 있어야 한다. 조화롭게 사는 가운데 성공이나 행복도 나비처럼 날아들기 때문이다.

자신이 주위 사람들에게 긍정적인 에너지를 줄 수 있는 방법은 참 많다.

나는 테니스를 좋아하기 때문에 일주일에 한 번씩 친구들과 운동을 한다. 여러분에게도 분명 장점이나 잘하는 특기가 있을 것이다. 이를 활용하면 어렵지 않게 주위 사람들에게 긍정적인 에너지를 전달할 수 있다.

매일 성공일기를 기록하라

'작은 성공은 더 큰 성공을 부른다' 는 말이 있다. 하찮은 성과라도 좋다. 어떤 성과라도 분명 성취감을 느낄 수 있기 때문이다. 성취감 속에는 더 큰 성공으로 이끌어주는 자신감이 깃들어 있다.

성공일기를 적으라는 말에 이렇게 말하는 사람도 있을 것이다. "그동안 나는 해놓은 게 없는데……. 뭘 적으라는 말이야?", "성공은커녕 실패만 했는데……" 눈에 띄는 큰 성공만 생각한다면 그런 생각이 들 수도 있다.

하지만 세상에는 큰 성공만 있는 것이 아니다. 작은 성공도 있게 마련이다.

그날 하루 업무를 완벽하게 처리했다거나 친구와의 약속을 잘

지킨 것. 일주일에 세 번 운동하기로 한 자신과의 약속이나 금연, 금주를 한 일……. 이외에도 찾아보면 작은 성공은 수없이 많다. 이런 일들을 노트에다 적어 보자. 분명 '나도 할 수 있다'는 자신감이 생길 것이다.

감사했던 일들을 기록하라

어떤 어머니가 있다.

그녀는 비록 자신은 초등학교밖에 나오지 못했지만 자식만은 모두 훌륭하게 키웠다. 사람들은 그녀를 보며 자식을 키우는데 무슨 비결이 있지 않을까 생각했다. 그러다 그녀에게 비결에 대해 물었다. 그러자 그녀는 이렇게 말했다.

"저는 자식들에게 큰 일이나 작은 일, 모든 일에 감사하라고 가르쳤을 뿐입니다."

우리에게는 매일 감사할 일이 많다. 아침밥을 차려주시는 어머니와 안전하게 회사까지 태워주는 버스기사 아저씨……. 참으로 헤아릴 수 없이 많다. 이는 그만큼 주위에 고마운 사람들이 많다는 뜻이다. 우리는 진정으로 기뻐하고 감사할 때 스스로 행복하다.

자신의 장점들을 기록하라

누구나 장단점을 가지고 있다. 단점은 배제하고 장점만 수첩에 적어 보자. 무엇이든 긍정적인 것이라면 장점이 될 수 있다.

예를 든다면, 상대방의 말을 잘 들어준다거나 약속 시간을 잘 지키는 것도 장점에 속한다. 스스로도 자랑스럽게 여기는 장점을 적다보면 자신이 얼마나 긍정적이고 능력 있는 사람이라는 것을 알게 된다.

자신에게 호감을 가질 때 자신감 또한 생기는 법이다.

아이디어는 떠오르는 즉시 메모하라

아이디어는 때와 장소를 가리지 않고 떠오른다. 이때 메모하지 않으면 그 아이디어는 영원히 잃어버리고 만다.

아무리 머리가 좋은 사람도 메모해야 한다. 메모를 하면 보다 많은 기억용량을 확보할 수 있을 뿐 아니라 '깜빡' 하는 실수도 줄일 수 있다.

히딩크 감독은 수시로 메모를 하는 습관을 가진 사람으로 알려져 있다. 그는 운동장에서 선수들을 지휘하면서도 쉴 새 없이 녹음기로 녹음을 한다. 훈련복 주머니에 녹음기를 넣고 다니다가 좋은 아이디어나 개서해야할 문제점이 떠오르면 바로 녹음을 해 참고자료로 활용하는 것이다.

아이디어를 메모하는 습관을 들여 보라. 처음에는 가방 속에서 펜과 수첩을 꺼내는 일이 번거로움울 것이다. 하지만 차츰 익숙해지면 메모가 삶에 얼마나 유용한지 느낄 수 있다.

워크북에는 이외에도 여러분이 생각하는 것을 추가할 수 있다. 기계를 작동하기 위해선 전기를 공급하듯이 우리도 에너지를 끊임없이 충전해야 한다. 그렇게 해야만 자신이 생각하는 목표를 향해 나아갈 수 있다. 또한 에너지가 충만할 때 어떤 방해물도 문제가 되지 않는 것이다.

시간을 생산적으로 활용하라

• 좋아하는 일에 시간을 소비하라

모든 사람에게 공평하게 주어졌지만 불공평한 것이 있다. 그것은 쓰는 사람에 따라 인생이 행복할 수도 있고 암울할 수도 있다. 그것은 바로 '시간'이다.

에센 바흐는 "시간을 지배할 줄 아는 사람은 인생을 지배할 줄 아는 사람이다"라고 말했다. 인간이 창조하는 모든 것은 시간 속에서 비롯된다고 해도 과언이 아닐 것이다. 따라서 세상에서 가장 귀중한 것은 다름 아닌 시간이다.

시간을 조금만 더 알차고 값지게 활용한다면 더 나은 현재를 살 수 있다. 뿐만 아니라 다가오는 미래까지 자신이 원하는 대로 변화시킬 수 있다.

  만일 지금의 자신이 행복하지 않다고 생각된다면 과거라는 시간을 가치 있게 쓰지 않았기 때문일 것이다. 쉽게 말하면 생산적으로 살지 않았다는 뜻이다. 반면 누구보다 성공적으로 사는 사람은 지나간 시간을 황금처럼 귀중하게 여겼기 때문이다. 시간의 귀중함을 아는 사람은 단 일초도 허투루 쓰지 않는다.

  박혜진 씨는 옷을 좋아해 의상디자인학을 전공했다. 대학 시절 내내 재봉틀과 각종 원단, 디자인 스케치들과 살다시피 했다. 그래서 모두들 박 씨가 디자이너의 길을 갈 것이라고 생각했다. 하지만 박 씨는 대학 졸업 후에 의류브랜드의 해외사업부에 입사했다.

  박 씨가 디자이너의 길을 포기한 것은 수년간 직장 생활을 하며 직장업무와 평소 자신이 하고 싶은 일은 별개라는 생각이 들었기 때문이다.

  현재 박 씨의 목표는 패션숍을 차리는 것이다. 그리고 먼 미래에는 자신의 이름을 걸고 패션 브랜드를 만드는 것이 꿈이다. 박 씨는 목표를 위해 현재 여가 시간을 투자하고 있다.

  박 씨는 얼마 전 직접 옷을 만들어 친구와 함께 인터넷 쇼핑몰에서 판매를 시작했다. 처음 시작한 일이라서인지 결과는 좋지 않았지만 많은 것을 배울 수 있었다.

  그리고 이 일로 인해 아직까지 디자인에 대한 자신의 열정이 식지 않았다는 것을 깨달을 수 있었다. 박 씨는 항상 수첩을 가지고 다니며 아이디어가 떠오를 때마다 그때그때 메모했다. 또 잡지에서 마음에 드는 옷을 보면 스크랩해 그 디자인을 여러 가지로 변형시켜 디자인 스케치를 해보기도 했다. 그녀의 스케치북은 떠오르는 생각을 수시로 메모해놓은 갖가지 아이디어로 가득하다.

"평일 저녁뿐 아니라 주말도 항상 바빠요. 집에서 레이스도 직접 만들고 코사지도 염색하고, 제가 직접 디자인한 옷을 만들어보거든요. 제가 좋아하는 일을 하기 때문인지 전혀 힘들다는 생각이 들지 않아요."

박 씨는 자신이 좋아하는 일에 시간을 쏟고 있다. 그녀가 시간을 소중하게 여기는 만큼 시간은 그녀가 성공적인 삶을 살 수 있게 도와줄 것이다. 세상의 모든 성공자들은 인맥만큼이나 시간을 알뜰하게 썼던 사람들이다. 시간은 무한정한 자원이 아닌 유한한 자원임을 잘 알기 때문이다.

김순영 씨는 백화점 홍보팀에서 근무하고 있다. 하루종일 컴퓨터 앞에 앉아서 업무를 보던 김 씨가 스윙댄스를 만난 것은 3년 전이다.

예전에는 하루하루 삶이 무료하다고 느껴졌지만 이제는 행복 그 자체라고 말한다. 김 씨에게 삶의 재미와 활력을 되찾아준 것은 바로 스윙댄스이다. 처음에 친구들의 강요에 스윙댄스를 접했지만 지금은 일주일에 서너 번은 스윙 바를 찾을 정도로 마니아가 되었다.

김 씨가 스윙 바에 가면 3시간 정도 춤을 춘다. 스윙 바는 주말이 아닌 평일에도 열정적인 사람들로 가득 차 있는 것이 특징이다.

"함께 춤을 추기 위해서는 적극적으로 파트너를 구해야 합니다. 때문에 자연스레 대인관계에 자신감을 키울 수 있는 것 같아요."

김 씨에게는 친구들을 만나 수다를 떨며 시간을 보내는 것보다 춤추는 시간이 더 즐겁다. 그래서 친구들과의 약속은 자연히 평일에서 일요일 오후로 바뀌었다.

"춤추는 시간은 엔도르핀을 충전하는 시간이에요."

김 씨는 스윙댄스를 접하기 이전에는 종종 영화를 보곤 했다. 하지만 그건 일시적일 뿐 스트레스 해소밖에 되지 않았다.

"스윙 바의 흥겨우면서도 신나는 음악은 가슴을 뭉클하게 해요. 그 곳에서 만나는 유쾌한 사람들과 스윙댄스를 추고나면 모든 스트레스가 바람에 날아가듯 사라져요."

김 씨는 몇 시간씩 웃으며 춤을 추다보면 자신도 모르게 세상에서 가장 행복한 사람이 된다고 말한다. 김 씨는 스윙댄스 덕분에 삶에 대해 긍정적인 사고까지 갖게 되었다.

자신이 좋아하는 일에 시간을 알차게 쓰는 사람들이 있다. 그들은 직장 일에만 매달리기보다 취미생활을 한두 가지 가지고 있다. 그래서 취미생활을 통해 사람들을 사귀고 직장에서 오는 스트레스도 해소한다.

이런 사람들이 있는가 하면, 활동반경이 매일 집에서 직장, 직장에서 집인 사람들도 있다. 그들의 얼굴에는 늘 직장에 대한 불만과 근심으로 가득하다. 무엇보다 그들은 삶이 주는 즐거움을 누리지 못하기 때문에 인생은 고달픈 것이라는 인식이 팽배하다.

사람들이 유일하게 할 수 있는 놀이는 퇴근 후 동료나 친구들과 마시는 술자리가 고작일 것이다. 그들의 입에선 늘 부정적이고 과거지향적인 이야기가 안주처럼 흘러나온다.

"내가 옛날에는 잘 나갔는데 말이야……", "이제 좋은 시절 다 갔어"

이런 이야기가 오고가다보면 자신의 삶이 더욱 가엾고 불행하게 느껴진다.

이젠 스스로를 가엾게 느끼는 어리석은 행동에서 벗어나야 한다. 그리고 자신이 가장 잘 할 수 있는 일 혹은 가장 좋아하는 일을 찾아야 한다. 그 일에 시간을 소비한다면 여러분은 그동안 느끼지 못했던 삶의 재미와 행복을 느낄 수 있을 것이다.

콘돌리자 라이스의 비전

• 평범함 속에서 비전을 찾아라

누구나 저마다 가슴속에 꿈을 품고 있다. 현실적이든, 비현실적이든 꿈꾸는 것만으로도 가슴이 뭉클해지기에 충분하다. 또한 꿈은 삶을 견디게 할뿐 아니라 더 나은 내일을 위해 노력하게 만든다.

'꿈은 이루어진다'는 말이 있다. 꿈이 있다는 것은 삶을 사는 동안 자신이 꼭 해야 할 일이 있다는 것과 같다. 그 일은 그 어떤 일들보다도 값지고 의미 있다. 그리하여 꿈을 향해 나아가는 사람들은 하나같이 열정에 차 있는 것이다.

혹 사람들 중에 "꿈이 밥 먹여줘?", "아무것도 모르는 어린 시절에나 꿈 운운하는 거지" 하고 말하는 사람도 있다. 분명 그들에게도 꿈이 있었다. 하지만 그들에게는 꿈보다 더 가치 있는 다른 일도 함께 있었다. 그래서 그 일을 이루기 위해 꿈을 희생했다. 중요한 것은 뒤늦은 지금에서야 꿈을 향해 나아가지 못한 자신을 원망하고 있다는 것이다.

꿈을 쉽게 저버린 사람이나 꿈이 현실이 된다는 것을 믿지 못하는 사람. 이런 사람들은 꿈을 이룬 사람들을 험담함으로써 자기 변명할 구실을 찾는다. "그는 분명 뒷배경이 좋을 거야", "나도 유학만 갔다 왔어도 이렇게 살지 않아" 이렇게 말은 하면서도 마음속에는 시샘과 질투로 가득 차 있다.

꿈이 있는 사람과 없는 사람들의 모습을 비교해보면 알 수 있다. 전자는 늘 활기차며 열정적으로 생활한다. 끊임없는 자기계발을 통해 자신의 능력을 업그레이드 시킨다. 그리고 그런 노력은 좀 더 좋은 기회를 잡는 행운으로 나타난다.

반면, 후자는 노예근성으로 삶을 산다. 때문에 마지못해 출근하고 퇴근한다. 당연히 그들의 얼굴에는 활기와는 달리 피로가 가득할 것이다. 늘 불평불만이 가득한 얼굴이다. 그들은 미래를 생각하기보다는 오늘 하루 아무 탈 없이 무사하면 그만인 것이다. 그들에게 꿈은 뜬구름과도 같다.

1964년, 열 살의 어떤 흑인 소녀가 부모님과 함께 백악관을 구경하고 있었다. 한동안 백악관 주위를 서성이며 천천히 건물 외관을 살피던 소녀가 침묵을 깨며 말했다.

"아빠, 제가 저 안으로 들어가지 못하고 이렇게 밖에서 백악관의 겉모습만 구경해야 하는 건 피부색 때문이죠? 하지만 두고 보세요. 저는 반드시 백악관 안으로 들어갈 거예요."

25년 후, 소녀의 예언은 그대로 적중했다. 그녀는 소비에트 체제가 붕괴되고 독일이 통일되던 시기에 미국 대외정책을 주도하는 수석 보좌관으로서 백악관에서 조지 부시 전 대통령과 일하게 된 것이다.

그리고 11년 뒤에는 그의 아들인 조지 부시 현 대통령의 국가안보 보좌관으로 백악관에 다시 들어갔다. 이 이야기의 주인공은 지금 미국 국무장관인 콘돌리자 라이스다.

당시 백악관을 둘러보고 있던 사람은 한두 명이 아니었다. 수십만 명이 백악관을 방문했지만 그녀는 그들과는 다른 눈으로 그곳을 보았던 것이다. 그녀는 그곳에서 비전을 발견하고 그 비전을 이루기 위해 30년에 가까운 세월동안 끊임없는 노력을 했다.

어린 시절, 콘돌리자 라이스는 흑인 소녀에 불과했다. 하지만 그녀는 피부색의 차이로 인해 멸시와 조롱을 받는 현실이 견딜 수 없었다. 그러던 중 어느 날 그녀는 백악관에서 자신의 비전을 보게 되었다. 그리고 자신이 해야 할 가장 중요한 일이 무엇인지 깨달았던 것이다.

수많은 사람들이 그녀와 마찬가지로 백악관을 구경하거나 방문했다. 하지만 그 누구도 그 곳에서 비전을 보지 못했다. 그것이 현재 미국의 국무상관인 그녀와 평범한 그들과의 차이점이다.

성공한 사람들에게서 배워라

• 성공한 사람들이 나를 돕도록 하라

성공자들의 이면에는 그들만의 성공 비결이 있다. 성공을 간절히 원한다면 성공자들에게서 성공 비결을 배워야 한다. 성적이 낮은 학생이 성적이 우수한 학생의 공부하는 방법을 배운다면 좀 더 효과적으로 공부를 할 수 있을 것이다. 성공도 이와 별반 다르지 않다. 당신이 생각하는 모든 성공에는 나름대로의 성공 비결이 있기 때문이다.

여러분이 꿈을 이루지 못했다면 꿈으로 향하는 과정이 잘못된 탓이다. 예를 들어 서울이 목적지이면서 가는 길을 제대로 알지 못해 인천으로 빠지는 것과 같다. 만일 길을 제대로 알고 서울로 향했다면 제 시간에 정확하게 목적지에 도착했을 것이다. 이루고 싶은 꿈도 그 꿈을 이루기 위해 자신이 할 수 있는 최선의 방법을 알아야 한다. 때문에 이미 성공을 이룬 사람들에게서 성공 노하우를 배우는 것이 무엇보다 중요하다.

여러분 중에 이렇게 말하는 사람도 있을 것이다.

"다른 사람의 조언 따위는 필요 없어", "열심히만 하면 되지 뭘", "언젠가는 꿈을 이룰 날이 있을 거야"

이들도 꿈을 이루기 위해 최선을 다하고 있다. 그러나 다른 사람의 조언을 듣기 싫어하는 사람은 실패할 확률이 높다. 우리는 매일 언론매체나 타인을 통해 새로운 정보를 접한다. 자신이 잘못 알고 있던 사항을 수정하고 또 자신에게 도움 되는 정보를 주입한다.

하지만 다른 사람의 조언을 듣지 않는다면 이 모든 정보와 단절되고 말 것이다. 이는 스스로 자신을 도와줄 동지를 내쫓는 것과 같다.

또 열심히만 한다고 해서 성공이 쉽게 이루어지는 것은 아니다. 직장인들의 대부분은 자신의 자리를 지키기 위해 목숨을 걸고 일에 매진한다. 만약 열심히 한다고 해서 성공한다면 세상은 성공한 사람들로 넘쳐나야 할 것이다. 그러나 세상에는 성공자들보다는 실패자들이 월등하게 많다.

성공자들은 성실함과 더불어 나름대로 성공 노하우를 가지고 있었다. 자신이 꿈꾸는 성공을 성취하기 위해서 무엇을 해야 하는지 제대로 알고 있었던 것이다. 또한 해야 할 것과 하지 말아야 할 것도 명확히 알고 있었다. 뿐만 아니라 강한 열정과 인내, 인맥 등 성공 도구들도 갖추고 있었다. 따라서 성공을 원한다면 성공자들의 방식을 따라하면서 짧은 시간 안에 큰 효과를 얻을 수 있을 것이다.

간절히 성공을 원하는가? 그렇다면 반드시 성공자들을 만나보라. 성공자들은 당신에게 멘토가 되어줄 것이다. 그들로부터 조언을 받는다면 성공을 향한 여정에 발걸음을 뗀 것과도 같다. 성공자들을 만남으로 인해 시간을 절약하고 계획하는 일들에 대한 실수를 최소한으로 줄일 수 있다.

당신은 매일 업그레이드되어야 한다. 흐르지 않는 물은 썩고 만다. 따라서 발전하지 않는 사람은 실패로 향하는 걸음을 옮기는 사람이다. 때문에 틈틈이 자기계발에 힘써야 하는 것이다.

또한 매일 성공자들에게서 배운 일들을 그대로 실천해야 한다. 성공자들의 성공 노하우는 보통사람들의 방식과는 다르다. 하지만 어떤 의심도 없이 그들의 방식에 따라야한다. 그렇게 할 때 당신은 조금씩 꿈과 가까워지고 있다는 것을 느낄 수 있을 것이다.

얼마 전 한 사람이 이렇게 물었다.

"정말 성공자들이 했던 대로 따라하면 저 역시 성공할 수 있을까요?"

나는 그때 이렇게 말했다.

"만일 성공자들과 똑같은 성과를 거둘 수 없을지라도 근사치에 가까운 성취를 할 수 있다는 것은 분명한 사실입니다."

성공자들의 모습을 따라한다고 해서 무조건 성공을 보장 받을 수 있는 것은 아니다. 그들은 당신에게 성공 노하우만을 알려줄 뿐이다. 성공을 이루느냐, 그렇지 못하느냐는 여러분 자신에게 달렸다. 나는 성공을 향한 열정과 인내, 집중력, 잠재력 등 성공 도구를 제대로 활용할 때 성공이라는 열매를 딸 수 있다고 생각한다.

성공자들은 자신의 가슴속에 잠들어 있는 잠재력을 깨웠던 사람들이다. 잠재력을 깨우지 않았을 때 그들은 평범한 사람에 불과했다. 그러나 잠재력을 깨운 후 그들의 삶은 하늘과 땅 차이로 달라진 것이다.

잠재력을 가장 쉽게 깨울 수 있는 방법은 바로 성공한 사람들과 함께 하는 것이다. 성공자들은 모두 매우 열정적이고 행동적이다. 때문에 자연히 그들의 행동을 따라하게 된다. 따라서 그들이 자신의 잠재력을 깨운 것처럼 여러분도 그렇게 될 것이다.

다음은 성공하는데 필요한 세 가지 방법이다.

성공한 사람을 도와라

사람은 처음부터 완벽할 순 없다. 하지만 많은 시행착오를 거치면서 조금씩 실수를 줄일 수 있다. 그러다 자신만의 노하우를 발견하는 것이다. 성공한 사람들은 자신만의 노하우를 발견한 사람들이다.

이런 사람들과 가까이 하면서 그들을 돕는다면 저절로 성공 노하우를 배울 수 있다.

성공한 사람과 가까워져라

단순히 성공한 사람들을 돕기보다 인간적으로 가까워지는 것이 중요하다. 서로에 대해 이해하는 친밀한 사이가 될 때 보다 많은 정보를 얻을 수 있다. 때문에 어떤 목적의식으로 다가가기 보다 정으로 다가가는 것이 중요하다.

성공한 사람이 나를 돕도록 하라

이제는 그들에게 고민을 털어 놓고 조언을 구해야 한다. 그들은 분명 여러분에게 최선의 방법을 알려줄 것이다. 이미 성공을 이룬 성공자들의 성공 노하우는 성공으로 향하는 엘리베이터와 같다. 보다 쉽게 어려움을 극복하거나 원하는 바를 성취할 수 있다.

실패자들의 눈에는 실패자들밖에 보이지 않는다. 반면 성공자들의 눈에는 성공자들 밖에 들어오지 않는다. 지금 당신의 눈에는 어떤 부류의 사람들이 보이는가? 만일 실패자가 시야에 들어온다면 당장 성공자를 만나야 할 때임을 잊지 말라. 조금만 관심 있게 찾아보면 그들을 쉽게 찾을 수 있다. 당신 주위에 많은 성공자들이 있기 때문이다. 굳이 대기업 회장이나 크게 성공한 사람일 필요는 없다. 자신의 분야에서 성공했거나 꿈을 이룬 사람들이면 족하다.

지금 현실이 고통스럽다면 자신이 원하지 않는 삶을 살고 있다는 뜻이다. 또한 아무리 시간이 지나도 조금도 나아지지 않는다면 근본 원인을 찾지 못했기 때문이다. 이는 몸이 아프지만 병명을 모르는 것과 같다. 아무리 유능한 의사라고 해도 병명을 알지 못한 채 처방을 내릴 수는 없다.

그렇다고 해서 걱정할 필요는 없다. 여러분이 찾아낸 성공자는 분명 여러분에게 알맞은 처방을 내려줄 것이다. 그리고 그 처방에는 보다 생산적으로 사는 방법과 성공 비결이 담겨 있을 것이다.

자신의 무한한 능력을 발견하라

• 내면에 잠들어 있는 거인을 깨워라

　모든 사람들의 가슴속에는 무한한 능력이 숨어 있다. 즉 거인이 잠들어 있는 것이다. 이 거인은 당신이 원하는 무엇이든 할 수 있게 해준다. 그러나 애석하게도 대부분의 사람들은 자신의 가슴속에 잠들어 있는 거인을 깨우지 못한 채 생을 마감한다.
　세상의 모든 성공자들은 자신의 무한한 능력을 발견했던 사람들이다. 비록 어려운 현실에 처해있더라도 원대한 꿈을 잊지 않고 잠들어 있는 거인을 깨웠다. 때문에 무한한 능력, 즉 거인의 힘으로 자신이 원하는 성공을 이룰 수 있었던 것이다.
　성공자와 실패자의 차이점은 우리가 생각하는 것만큼 그다지

크지 않다. 오히려 그 반대이다. 그것은 바로 자신의 가슴속에 깃들어 있는 무한한 가능성을 깨닫느냐, 그렇지 않느냐의 차이이기 때문이다.

실패자들은 자신의 무한한 가능성에 대해 생각하기보다 실패에 대해 관심을 가졌던 사람들이다. 그들은 어떤 계획을 세워도 성취할 수 있다는 긍정적인 생각보다는 실패하면 어쩌지, 하는 부정적인 생각에 사로잡혀 있었다. 그래서 대부분의 실패자들은 계획을 제대로 실천에 옮기지도 못한 채 포기한 것이다.

하지만 실패자들은 실패 속에서 성공의 씨앗을 발견한다는 것을 알지 못했다. 그리하여 단순히 실패가 주는 고통에 지레 겁먹은 채 기꺼이 해낼 수 있는 일조차 이룰 수 없었던 것이다.

『아라비안나이트』의 '요괴 항아리' 이야기를 알고 있을 것이다. 가난한 한 어부가 고기잡이를 나갔다가 그물에 걸려있는 항아리를 발견하고 그 항아리 뚜껑을 열면서 이야기는 시작된다.

요괴는 신의 노여움을 사 항아리에 갇히게 되었다. 항아리 속에서 요괴는 자신을 꺼내주는 사람이 있다면 그 사람을 세상에서 가장 큰 부자로 만들어주겠다고 다짐했다. 그러나 아무리 많은 세월이 지나도 자신을 구해주는 사람은 나타나지 않았다. 화가 난 요괴는 이제는 자신을 항아리에서 꺼내주는 사람이 나타나면 죽이겠다고 처음의 다짐을 바꾸었다.

그런데 난데없이 그물에 걸려 올라온 항아리 뚜껑을 연 어부는 요괴의 모습에 눈앞이 캄캄했다. 하지만 어부는 순간적으로 기지를 발휘해 위기를 모면한다. 어부는 요괴에게 어떻게 몸이 큰 요괴가 그 작은 항아리 속에 들어갈 수 있었는지 비결을 알려달라고 말했다. 어부의 말에 요괴는 다시 항아리 속으로 들어가게 되고 어부는 재빨리 항아리 뚜껑을 닫아버렸다.

뒤늦게 자신의 실수를 깨달은 요괴는 어부에게 다시 꺼내달라고 애원했다. 다시 꺼내주면 어부를 세상에서 가장 행복하게 해주겠다고 말했다. 어부는 반신반의했지만 결국 부자로 만들어주겠다는 요괴의 말을 믿고 다시 꺼내주었다. 항아리 밖으로 나온 요괴는 약속대로 어부를 세상에서 가장 큰 부자로 만들어주었다.

물론 이 이야기는 현실에서 결코 일어날 수 없는 이야기이다. 그러나 이야기 속에서 우리는 몇 가지 깨달음을 얻을 수 있다.

첫째, 가난한 어부도 얼마든지 부자가 될 수 있다는 가능성을 보였다. 그물에 요괴가 들어 있는 항아리가 걸려드는 흔치 않는 기회를 잘 살리면 성공이라는 정상에 오를 수 있는 것이다. 단, 황금 같은 기회는 자신의 목숨을 담보로 해야 하기 때문에 기회는 위기와 함께 오는 것이라는 것을 알 수 있다.

둘째, 황금 같은 기회가 찾아와도 전략을 잘못 세우면 성공은 커녕 실패의 늪으로 빠질 수 있다. 항아리에서 나온 요괴가 어부를 죽이려고 했을 때 어부가 순간적으로 기지를 발휘하지 않았더라면 그대로 목숨을 잃었을 것이다. 기회를 잘 살리기 위해서는 그만큼 성공전략이 중요하다는 것을 알 수 있다.

셋째, 요괴는 어부에게 목숨을 앗아가는 불행을 줄 수도, 부자가 되는 행복을 줄 수도 있었다. 따라서 세상의 모든 기회는 요괴의 양면성을 띠고 있는 것이다. 때문에 그 기회를 살릴 수 있는 준비성과 계획이 필요하다.

넷째, 이야기 속의 요괴는 다름 아닌 우리 자신이다. 쉽게 말하면 우리 가슴속에 들어 있는 잠재의식이다. 우리가 정성스레 아껴주고 잘 가꾸면 잠재의식의 밭은 꽃이 피고 벌과 나비들이 날아들 것이다. 반면, 관심을 갖지 않고 내버려두면 잠재의식의 밭은 잡초만 무성할 것이다.

다섯째, 사람들은 내면에 무한한 능력을 갖는 요괴가 잠들어 있다는 것을 깨닫지 못한다. 요괴는 내면이라는 항아리 속에 갇혀 꺼내주기를 기다리고 있다. 만일 너무 늦게 요괴를 꺼내준다면 위기에 처한 어부처럼 어려움에 처할지도 모른다.

지금 당장 내면에 갇혀 있는 거인을 꺼내주어야 한다. 그러면 거인은 자신을 꺼내준 당신을 돕기 위해 온갖 노력을 아끼지 않을 것이다.

세상에는 조금도 나를 이해하지 못하는 사람들이 있다. 이는 나에 대해 알려고 하지 않았던 탓이다. 나에 대해 알고 싶다면 먼저 나에 내해 이해해야 한다. 행복한 결혼생활을 하고 싶다면 자신의 아내, 남편에 대해 이해해야 한다.

하지만 중요한 것은 배우자를 바꾸려하지 말아야 한다는 것이다. 반대로 배우자에 대해 자세히 알고 자기 자신을 바꾸려고 노력해야 한다. 그러할 때 서로 충돌하지 않고 원만한 생활을 할 수 있기 때문이다.

　자신의 가슴속에 잠들어 있는 거인을 깨우는 것도 이와 다를 바 없다. 자신이 꿈꾸는 것이 무엇인지 제대로 알고 또한 자신에 대해 이해해야 한다. 장단점과 성향 등을 제대로 알고 있어야 보다 쉽게 거인을 깨울 수 있기 때문이다.

　밭에 씨앗을 뿌려야 곡식을 얻을 수 있다. 이처럼 성공의 씨앗인 자신의 가슴속에 잠들어 있는 무한한 능력인 거인을 깨워야 한다. 거인을 깨우지 않고서 어떤 원대한 계획이 있어도 원하는 대로 성취할 수 없을 것이다.

PART 4

뜨거운 열정에 미쳐라

성공의 비밀은 끈기

• 거북이에게서 끈기를 배워라

"저 사람은 분명 운이 좋았을 거야."
"누가 그러던데 부모님이 부자래."
"나도 뒷배경만 받쳐주면 성공할 수 있어."
"처갓집이 그렇게 돈이 많다는데 뭐."

대부분의 사람들은 성공자들을 향해 이렇게 말한다. 그들이 일궈낸 업적이나 성과에 대해 박수와 찬사를 보내기보다 헐뜯을 구실을 찾기 바쁘다. 이는 사람이기에 질투와 부러운 마음이 생겨나는 어쩔 수 없는 이기적인 마음일 것이다.

그러나 남의 성공에 대해 진심어린 박수를 보내는 마음가짐도 중요하다. 그러할 때 자신에게 없는 부분을 그들에게서 배우거나 채울 수 있기 때문이다. 반대로 성공자들을 보며 비방하거나 헐뜯을 구실만 찾는다면 그들에게서 성공의 씨앗을 찾을 기회를 놓치고 말 것이다. 결과적으로는 아무런 도움이 되지 않을 뿐더러 오히려 열등감에 빠질 수도 있다.

성공자라고 해서 반드시 뛰어난 재능을 지닌 사람들은 아니다. 물론 마이클 조던처럼 타고난 재능으로 성공한 사람도 있다. 하지만 별다른 재능 없이 배짱과 결단력 그리고 끈기로 성공한 사람들도 매우 많다.

예를 들면 프라이드 치킨(KFC)의 창립자 커넬 샌더스 대령이다. 그는 철도회사에서 은퇴할 때까지 훗날 전 세계적으로 뻗어나가게 되는 사업을 시작조차 하지 않았다. 그는 60세가 넘은 나이에 자신의 치킨요리비법을 팔기 위해 수개월 동안 수많은 식당을 찾아다녔다. 그 과정에서 그는 수많은 거절을 당하는 시련을 겪어야 했다. 그는 또 호텔에서 잠잘 돈이 없어 차안에서 잠을 청하기도 했다. 그렇게 500여 군데 식당에서 거절을 당한 뒤에야 그를 측은하게 여긴 어느 친절한 식당주인을 만나 요리비법을 보여줄 수 있었다.

물론 지금은 전 세계 수만 개의 켄터키 프라이드 치킨(KFC)의 프랜차이즈 점포들이 들어서 있다. 하지만 오늘날 샌더스라는 이름이 널리 알려진 이유는 그가 세계 최고의 요리사였기 때문만은 결코 아니다. 또한 그는 세계적으로 훌륭한 사업가도 아니었다. 만약 그에게 그러한 재능이 있었다면 그가 40여 년 동안 몸담았던 철도회사를 자신이 소유했을지도 모른다.

그는 바로 엄청난 인내와 끈기로 성공을 이루어낸 것이다. 또 그가 이룬 성공이 자신을 유명하게 만든 것이다. 그를 정상에 올려놓은 것은 재능이 아니라 끈기다.

어느 성공자가 말했다.

"인내는 하나의 장거리 경주가 아니다. 그것은 수많은 단거리 경주를 하나씩 치르는 것이다."

얼마 전 나는 우리나라에서 29세 최연소 서울대 경영대교수로 부임했던 조동성 교수의 인터뷰 기사를 보았다. 그 기사는 내게 너무나도 인상적이었다.

"끈기를 가지고 한 우물을 파야 합니다. 제가 29세 최연소 서울대 경영대교수로 부임하니 주위에서 얼마나 하다 그만둘지 두고 보자는 말도 하더군요. 하지만 28년째 봉직하고 있지 않습니까. 선친께서 학계, 공직, 정계 두루 활동하신 것에 우리 어머님이 질리신 탓인지 저에게 늘 강조하신 말씀이 '한 우물을 파라'는 것이었지요."

"찔레꽃은 늦은 봄부터 가을까지 꾸준히 망울을 터뜨리는 반면, 장미꽃은 어느 한 철 짧은 기간에 충실하고 화려한 꽃을 피우지 않습니까. 처음에는 낮은 위치에 있는 것처럼 보이지만 긴 세월을 인내하면 장미꽃을 피우게 되지요. 초반 투자기에는 찔레꽃의 작은 망울들이 부러울 수도 있지만, 인생의 마지막 단계에선 화려한 비약을 보일 수 있지요."

그는 또 이렇게 덧붙여 말했다.

"최종선택은 자신의 몫이고, 찔레꽃과 장미꽃 인생 각각 장단점이 있습니다. 하지만 인생의 첫 단계에서의 프리미엄 감소를 견디지 못해 자신에게 다가올 찬란한 미래를 포기하는 어리석음은 범하지 말아야 합니다."

성공으로 가는 지름길은 없다. 현재 자기위치에서 확고한 신념을 가지고 최선을 다하는 것이 성공자들이 말하는 성공 진리이다.

토끼와 거북의 달리기 경주에서 토끼는 자신의 빠른 발을 믿고 시합했다. 하지만 거북은 자신과의 싸움, 즉 정상까지 가보겠다는 목표로 출발했다. 때문에 거북은 승패와 상관없이 끈기를 가지고 쉬지 않고 목표를 향해 나아갔고 결국 승리를 거둘 수 있었다. 마찬가지로 인생의 승리자가 되기 위해선 자신의 분야에서 끈기를 가지고 열정을 쏟을 수 있어야 한다. 끈기와 열정이야말로 성공이라는 정상으로 자신을 데려다주는 추진 장치이기 때문이다.

시냇물은 아무리 크고 강한 바위라 할지라도 뚫는 강한 힘을 가지고 있다. 그것은 바로 한 방울, 한 방울의 물이 오랜 세월동안 끈기로 떨어져 내렸기 때문이다. 여러분도 비록 시작은 미약할지 모르지만 끈기 있게 미래를 향해 한발 한발 내딛는다면 분명 꿈을 이룰 수 있을 것이다.

40%의 걱정을 극복하라
• 일어나지 않을 걱정거리를 떨쳐버리자

사람들이 문제를 대하는 태도에는 세 가지가 있다. 대부분 사람들이 선택하는 첫 번째는 자신에게 찾아온 문제에 대해 화를 내는 것이다. 갑작스레 찾아온 시련에 반발심을 갖는 것이다. 두 번째는 그냥 문제에 동의하는 것이고, 세 번째는 해결책을 찾는 것이다.

어떤 문제든지 긍정적으로 바라보고 침착함을 잃지 않는다면 반드시 해결책은 있다. 문제 속에는 항상 열쇠가 씨앗처럼 숨어 있기 때문이다.

그러나 사람들은 갑자기 찾아온 문제에 당황한 나머지 불안에 휩싸인다. 불안은 다시 두려움을 불러일으키고 급기야 자신은 깊은 곤경에 빠졌다고 인식하게 되는 것이다.

그동안 여러분은 크고 작은 어려움에 직면했던 적이 있을 것이다. 그때마다 여러분은 문제를 피해 달아나거나 나름대로 최선을 다해 문제를 해결했을 것이다. 문제를 해결할 당시를 떠올려 보라. 그 순간, 당신의 모습은 어떠했는지……. 분명 처음에는 당황했을 테지만 차츰 마음의 평정을 되찾았을 것이다. 그리고 문제의 본질을 파악하고 문제 해결을 위해 노력했을 것이다.

스탠리 아놀드가 말했다.
"모든 문제는 그 안에 해결의 씨앗을 품고 있다."
우리는 매일 걱정에 휩싸여 있다. 미래에 대한 불안과 구조조정으로 인해 직장을 잃을지도 모른다는 커다란 걱정과 연체된 카드 대금, 휴대폰 대금과 같은 공과금, 제때 마치지 못한 업무 등 수많은 걱정들이 머릿속에 가득하다.

그러나 우리가 하는 걱정의 대부분은 현실에서 일어나지 않는 걱정이다. 다만 혹시 일어날지도 모른다는 '두려움' 때문에 불안해하고 고통스러워하는 것이다.

걱정에 대한 설문조사에 따르면 우리가 걱정하는 것의 40%는 결코 일어나지 않는 일이라는 것이다. 그리고 30%는 이미 지나간 일이며, 12%는 우리와 상관없는 남의 일이고, 10%는 사실이든 상상이든 병에 관한 것이고, 4%만이 정말 걱정할 만한 일이었다.

하지만 그 4%조차 에너지를 소모해가며 걱정할 만한 가치는 없다. 신념을 가지면 모든 의심과 두려움, 걱정을 극복할 수 있으며 목표도 달성할 수 있기 때문이다.

율리우스 시저는 "인간은 알 수 있는 것보다 알 수 없는 것에 대해 더 걱정 한다"고 말했다.

걱정이란 일어날까 두려워하는 일을 마음속에 담고 있는 것이다. 만일 당신이 그렇다고 생각한다면 사실 그렇지 않더라도 그렇게 되어버린다는 것을 잊어선 안 된다.

앨버트 허버드는 "사람이 저지르는 가장 큰 실수는 실수하는 것을 두려워하는 것이다"라고 말했다. 실수를 두려워한다면 그 어떤 일도 할 수 없다. 실수를 하면 어떡하나, 하는 두려움이 실행을 방해하기 때문이다.

로버트 케네디는 "실패를 두려워하지 않는 사람만이 위대한 성취를 할 수 있다"고 말했다. 실패를 했다는 것은 자신이 어떤 일을 시도했다는 뜻이다. 뿐만 아니라 실패를 통해 좀 더 성숙해졌다는 뜻이기도 하다.

미국의 유명한 발명가인 찰스 캐터링. 그는 실패를 지혜롭게 이용하는 법을 배워야 한다고 말했다. 실패를 지혜롭게 이용하는 사람은 경험 속에서 깨달음을 얻는 사람이다. 이런 사람은 결코 실패를 두려워하지 않는다. 때문에 어떤 계획 앞에서 주저하거나 망설이는 법이 없다. 오히려 주저하거나 망설이다가 좋은 기회를 놓치는 것이 더 큰 실패라는 것을 알기 때문이다.
그는 또 말했다.
"실패하는 것은 부끄러운 일이 아니다. 실패의 원인을 잘 분석하여 성공으로 가는 길을 찾는다면 그 실패는 무의미한 것이 아니다."
캐터링은 실패를 성공으로 바꾸는 몇 가지 방법을 제시했다.
"정직하게 실패를 맞이하라. 실패를 성공으로 위장하지 말라."
"실패의 기회를 이용하라. 실패의 경험으로부터 교훈을 얻어라."
"실패를 포기의 명분으로 삼지 말라. 또 다시 시작하라."
해롤드 스미스는 실수에 대해 이렇게 말했다.
"자신의 실수를 부인만 하지 않는다면 더 많은 사람들이 실수를 통해 뭔가 배울 수 있을 것이다."

절대로 실패를 부끄럽게 생각해선 안 된다. 만일 그렇게 생각한다면 그 실수로부터 배울 수 있는 것은 아무것도 없을 것이다. 실패를 앞으로 나아가기 위한 당연한 과정으로 생각해야 한다. 실패는 불완전한 삶을 완전에 가깝도록 수정할 수 있게 도움을 주는 징검다리와 같다.
33세의 헌수 씨에게는 한 가지 고민이 있었다. 매일 아침 9시면 귀가 울리기 시작하고 눈동자가 튀어나올 것만 같았기 때문이다. 사실 그는 과중한 업무 때문에 스트레스를 받고 있었다. 그런 그를 보며 상사는 정신과 의사를 찾아가 보라고 말했다.
의사는 지금 하는 일을 당장 그만둘 것을 권했고 그는 사표를 제출했다. 그러나 하루도 지나지 않아 같은 증세가 그를 괴롭혔다. 그는 다른 의사를 찾아갔고 의사는 치아 때문에 그렇다고 소견을 밝혔다. 현수 씨는 치아를 치료했지만 여전히 귀가 울리고 눈동자가 튀어나올 것 같은 증세는 사라지지 않았다.

현수 씨는 귀가 울리는 현상에 관한 전문가를 찾아갔다. 전문가는 현수 씨에게 앞으로 살 수 있는 날이 3개월밖에 남지 않았다고 말했다.

현수 씨는 마지막 3개월을 즐기기로 결심했다. 집을 팔고 저축해둔 돈을 모두 인출했다. 그리고 최고급 승용차를 사고 새 양복을 맞췄다. 양복점에서 재단사는 아주 꼼꼼하게 현수 씨의 치수를 쟀다.

잠시 후 치수를 재던 재단사가 말했다.

"소매가 34인치, 목둘레가 16인치군요."

"아니에요, 난 계속 15인치 사이즈를 입어왔어요. 15인치가 맞을 거예요."

현수 씨가 대꾸했다.

"하지만 15인치 사이즈를 입으면 귀가 울리고 눈동자가 튀어나오는 것 같을 겁니다."

그제야 현수 씨는 자신의 문제의 원인이 무엇 때문이었는지 알았다. 불과 1인치의 차이로 현수 씨는 자신이 겪고 있던 고통에서 해방된 것이다.

어떤 문제라도 피하지 않고 정면으로 맞선다면 능히 해결할 수 있다. 무엇보다 문제가 자신에게 생겼다 하더라도 그 문제로 인해 삶이 끝장나지 않는다는 것을 잊어선 안 된다. 우리에게 닥치는 문제는 피하거나 달아나기 위해 있는 것이 아닌, 맞서서 해결하라고 있는 것이다.

자기계발을 하는 이유를 찾아라

• 더 나은 미래를 예약하라

요즘 직장인들의 자기계발은 하나의 유행이 된지 오래다. 얼마 전 나는 가깝게 지내고 있는 직장인들에게 자기계발을 왜 하는지 물어보았다. 그러자 대부분 "남들 다하니까", "앞날이 불안하니까" 하고 대답했다. 이는 친구가 강남 가니까 자신도 따라가는 격이다.

자기계발을 하는 동기는 각자가 추구하는 가치관에 따라 다를 것이다. 그러나 일반적으로 인생에 있어 최적의 균형점을 찾아가려는 동기에서 시작한다. 쉽게 말하면, 자신의 업무와 관련된 자기계발을 하면서 부족함을 채우고 자신이 원하는 분야에서 최고가 되기 위해 자기계발을 한다.

물론 이 말에 그렇지 않다고 언성을 높이는 사람들도 있을 것이다. 하지만 자기계발을 하는 사람들을 눈여겨본다면 그들이 자신이 바라는 삶을 살기 위해 시간과 노력을 쏟는다는 것을 알 수 있다. 그들도 다른 사람들과 마찬가지로 조화롭고 균형 잡힌 삶을 살고 싶은 욕구에서 비롯되는 것이기 때문이다.

사람들은 모두 행복한 인생을 살고 싶어한다. 행복한 인생은 조화롭게 균형 잡힌 인생이다. 한번뿐인 인생을 불행하게 살다가고 싶은 사람은 세상에 단 한 사람도 없을 것이다. 그래서 행복의 도구가 되는 경제적인 안정을 위해 최선을 다한다. 또 명예와 권력을 갖기 위해 지금 당장의 행복과 즐거움을 포기하기도 한다. 결국 찰나 같은 행복이 아닌 오래도록 누리고 싶은 행복을 위한 투자일 것이다.

그러나 사람들 중에는 자신이 왜 자기계발을 해야 하는지 이유도 모른 채 자기계발을 하는 사람이 있다. 그나마 경쟁자를 이기기 위해, 부하직원들에게 뒤처지지 않기 위해 하는 사람들은 다행이다.

하지만 누군가를 이기기 위해 하는 자기계발은 옳은 자기계발이라고 할 수 없다. 자기계발은 진정 삶의 질을 한층 더 높여줄 뿐 아니라 더 나아가 생산적 삶을 사는데 도움이 되어야 하기 때문이다.

반면 "다들 자기계발을 하니까", "시간이 남아서", "그냥 업무에 도움 될까 싶어서" 하고 말하는 사람들은 자기계발의 의미를 모르는 사람들이다. 차라리 그 시간에 잠을 자거나 친구들과 술

자리를 갖는 게 더 의미 있지 않을까 하는 생각마저 든다.

  자신이 자기계발을 해야 하는 이유도 모른 채 시도한다면 그 무엇도 얻을 수 없다는 것은 자명한 사실이다.

"나는 무엇을 위해 자기계발을 하는가?"

  한번쯤 자신에게 이런 질문을 던져 보자. 정신없이 달리는 자동차에게는 목적지가 없다. 처음에는 목적지가 있었을 테지만 달리는데 정신이 없다보니 그 목적지를 잊게 마련이다. 자기 질문을 함으로써 자신을 돌아보는 계기가 될 수 있다.

  진정한 자기계발은 '나'를 찾으려는 의도에서 출발해야 한다. 그래야만 다양하고 종합적인 배움을 얻을 수 있고 자신이 봉착해 있는 문제의 해결책을 찾을 수 있기 때문이다.

  자격증을 왜 따야하는가? 대학원은 왜 가야하는가? 인맥은 왜 넓혀야하는가? 새벽에 일어나 힘들게 영어학원은 왜 가야하는가? 이런 질문들은 진정한 나는 누구이고 삶에서 정말로 하고 싶은 일은 무엇인지 생각하게 한다. 자신이 전쟁에 참가해야하는 이유도 모른 채 참가해 전쟁터에서 죽어가는 사람처럼 무작정 자기계발을 시도하는 어리석음을 유발하지 말아야 한다.

  어떤 사람은 마인드를 변화시키면 삶이 변화될 수 있다고 말한다. 또 어떤 사람은 삶을 변화시키는 가장 중요한 요인은 실천이라고 주장한다. 그러나 한쪽에 치우진 생각을 갖는다는 것은 생각의 균형을 깨뜨리는 것과 같다. 이런 생각은 자칫 몽상가로 전락하게 한다.

삶은 마인드나, 실천만으로 변화될 수 없다. 자신이 진정 변화하고자 하는 이유와 목적을 알고 있어야 한다. 그리고 그에 맞는 마인드와 실천이 뒷받침되어야 하는 것이다.

『화』의 저자인 틱낫한 스님은 사람의 정신과 몸은 하나라고 말했다. 따라서 정신과 몸의 균형점을 찾아 자신의 삶을 변화시키는 것이 가장 좋은 방법이 아닐까 생각해본다. 우리는 정신만의 결과물이 아니며 또한 행동만의 부산물도 아니다. 우리가 변화를 원한다면 이 두 가지를 변화시켜야 하며, 정신과 실천이 균형을 통해 이루어져야 한다.

직장인 5명 중 3명가량이 외국어 공부 등 자기계발을 하는 데 스트레스를 받고 있다고 한다. 하지만 스트레스에도 불구하고 자기 계발을 계속하는 이유에 대해서는 '불안한 미래에 대비하기 위해'(30.4%), '더 나은 미래를 준비하기 위해'(26.1%), '타인을 의식한 막연한 두려움 때문'(25.3%) 등의 순이었다.

자신이 원하는 삶을 살기 위해서는 남들이 다한다고 해서 생각 없이 자기계발을 해선 안 된다. 평소 자신이 무엇을 추구하고, 어떻게 살 것이며, 또 인생에 무엇을 남길 것인가에 대한 끊임없는 질문을 해야 한다. 그리고 그에 맞는 삶의 목적과 의미를 찾아야 한다.

진정한 자신을 찾았을 때 사기계발은 더 이상 스트레스와 고통이 되지 않는다. 오히려 삶에 활력을 가져다줄 뿐 아니라 생산적인 삶을 살게 도와줄 것이다.

성공적인 삶을 사는 비결

• 좋아하는 일 속에서 성취와 기쁨을 느껴라

메리 크로울리는 "선택하는 순간까지는 자유롭지만 그 선택이 결국 우리를 지배 한다"고 말했다. 우리는 목표를 가지기 전까지 바람 부는 대로 떠돌아다니는 낙엽과도 같다. 그러나 확고한 목표를 세우고부터는 돛을 단 배와 같다. 바람을 이용해 자신이 원하는 곳으로 쉽고 빨리 가기 위해 노력한다.

생물학자들이 온대지방에 사는 꿀벌 떼를 열대지방의 섬으로 이동시켜 무더운 기후에서 키우는 실험을 했다. 처음에 꿀벌들은 본능적으로 겨울을 대비해 꿀을 모으기 시작했다. 그러나 겨울은 오지 않았고 꿀벌들은 점점 게을러졌다. 마침내 일할 이유가 없어진 꿀벌들은 꿀을 채집하는 대신에 사람들을 쏘아대면서 시간을 흘려보냈다.

사람들도 이와 다르진 않다. 분명한 목표가 없으면 모든 것이 귀찮고 힘들어지게 느껴질 뿐이다.

존 F. 케네디는 말했다.

"노력과 용기만으로는 충분하지 않다. 목표와 방향이 있어야 한다."

세상의 두 부류 가운데 성공자는 자신이 추구하는 목표와 가고자 하는 방향이 확고한 사람들이다. 그들은 가야할 길을 확실히 알고 있었기에 어떤 시련이 닥쳐도 좌절하지 않았다. 넘어져도 툭툭 털고 일어나 다시 걸었던 것이다.

반면 실패자에게는 목표와 방향이 없었다. 그저 오늘이라는 시간만 중요할 뿐 내일은 결코 중요하지 않았던 것이다. 이는 여름날 기타를 치고 노래를 부르는 베짱이와 다를 바 없다. 결국 실패자는 베짱이처럼 겨울날 개미를 찾아가 도움을 청하며 지난 시간을 헛되이 보낸 자신의 행동을 후회할 것이다.

헬렌 켈러는 "세상에서 가장 불쌍한 사람은 시력은 있지만 비전이 없는 사람이다"라고 말했다. 비전이 없는 사람은 미래가 없는 사람이다. 따라서 미래가 없는 사람에게 주어지는 삶의 선물은 행복이 아닌 불행일 것이다.

상상력을 높여라

앨버트 아인슈타인은 "상상력은 지식보다 중요하다"고 말했다. 지식이 틀에 맞춰 구운 빵이라면 상상력은 다양한 모양과 색상을 입힌 빵이라고 할 수 있다. 결국 지식도 상상력에 의해서만 더 큰 힘을 발휘할 수 있다.

로이 스피어와 로웰 팩슨은 사람들의 습관을 유심히 관찰했다. 그리고 그는 다음과 같은 세 가지 결론을 이끌어냈다.

첫째, 사람들은 쇼핑을 좋아한다. 둘째, 사람들은 텔레비전 시청을 좋아한다. 셋째, 사람들은 그들이 원할 때 텔레비전을 보고 쇼핑도 할 수 있기를 바란다.

두 사람이 내린 결론은 엄청난 새로운 사업을 만들어냈다. 바로 홈쇼핑 네트워크를 설립하게 된 것이다. 이 방송국은 현재 24시간 동안 상품판매 광고를 내보내며 매년 수억 달러를 벌어들이고 있다.

나폴레옹은 "인간은 상상력에 의해 지배를 받는다"라고 말했다. 지금 우리가 사용하고 있는 모든 것들은 상상력에서 나왔다. 편안한 휴식을 주는 집, 빠른 시간에 먼 곳으로 이동할 수 있는 비행기, 자동차, 고속철도……. 이 모든 것들은 지식을 기초로 한 상상력에서 비롯된 것이다.

성공자들은 그렇지 않은 사람들에 비해 상상력이 높다. 그들은 틀에 짜인 사고가 아닌 자유분방한 사고로 사물을 관찰한다. 그러다 보니 당연히 사고의 깊이와 폭이 확장되는 것이다.

에드워드 시몬즈의 말이다.

"성공과 실패는 종이 한 장 차이다. 즉 어떤 일을 가장 정확한 방법으로 하는 것과 그와 비슷하게 하는 것이다."

성공을 원한다면 자신이 좋아하는 일을 효율적으로 할 수 있어야 한다. 그렇게 할 때 같은 시간에 많은 일을 처리할 수 있을 뿐 아니라 문제점과 개선해야할 사항까지 파악할 수 있다.

한 청년이 왕을 찾아가 인생을 성공적으로 사는 법을 가르쳐 달라고 간청했다. 그러자 왕은 잔에 포도주를 가득 부어 청년에게 주면서 말했다.

"이 포도주 잔을 들고 시내를 한 바퀴 돌아오면 성공비결을 가르쳐주겠다. 단, 포도주를 한 방울이라도 엎지른다면 네 목을 벨 것이다."

청년은 땀을 뻘뻘 흘리며 시내를 한 바퀴 돌고 왔다.

왕이 물었다.

"시내를 돌며 무엇을 보았느냐. 거리의 거지와 장사꾼들을 보았느냐. 술집에서 새어나오는 노랫소리를 들었느냐?"

청년이 대답했다.

"포도주 잔에 신경을 쓰느라 아무것도 보고 듣지 못했습니다."

그러자 왕이 말했다.

"그것이 바로 성공의 비결이다. 인생의 목표를 확고하게 세우고 일에 집중하면 주위의 유혹과 비난이 들리지 않을 것이다."

일하지 않는 사람은 불평불만이 많다. 분명한 인생관을 갖고 일에 몰입하는 사람은 불평할 틈이 없다.

프랭크 클라크는 "만일 하나님이 우리가 원하는 모든 것을 그냥 주신다면 우리의 가장 큰 기쁨, 즉 성취의 즐거움을 앗아가는 것이다"라고 말했다. 그의 말처럼 신은 처음부터 우리에게 모든 것을 주지 않았다. 만일 그랬다면 우리는 삶이 주는 기쁨과 행복을 느낄 수 없을 것이기 때문이다.

   그러나 우리는 자신이 좋아하는 일을 하며 성취와 기쁨을 얻을 수 있다. 뿐만 아니라 자신이 설정한 목표를 한 단계, 한 단계 올라가다보면 성공이라는 정상에 오를 수 있다. 성공을 일궈냈을 때의 행복은 말로 다 표현할 수 없을 것이다. 신이 우리에게 준 가장 큰 선물은 스스로 이루어낸 성공이 아닐까.

자신에게 맞는 일을 하라

• 마음의 신호에 따라 결정하라

"이제 일이 지긋지긋해!"
"내가 하는 일은 왜 이리도 재미가 없을까?"
"다른 일을 한번 찾아볼까?"

부품도 적재적소에 있어야 기계가 원활하게 작동한다. 마찬가지로 사람도 자신에게 맞는 일을 해야 재미와 함께 생산적 삶을 살 수 있다. 자신에게 맞지 않는 일을 하는 것은 몸에 맞지 않는 옷을 입는 것과 다를 바 없다. 몸에 맞지 않는 옷은 얼마 못 가 벗어던지고 말 것이다.

'자신이 좋아하는 일' 혹은 '자신에게 맞는 일'을 하는 사람들도 있다. 이런 사람들은 행복한 삶을 영위한다고 해도 틀린 말은 아닐 것이다. 우리가 말하는 '행복'은 지금 하고 있는 일에서 비롯된다.

자신에게 맞지 않는 일을 하는 사람의 하루는 고통일 것이다. 그러나 자신에게 맞는 일을 하는 사람은 행복한 하루가 될 것이다.

어느 사회주의자 단체가 루이지애나 농지 수백 에이커를 구입해 공동체를 조직했다.

'조합원'이라고 자칭하던 그들은 각자 가장 좋아하는 일을 맡아 함으로써 삶에 더 큰 만족과 행복을 가져오고 근심 걱정을 줄일 수 있다고 믿었다.

그 공동체는 누구에게도 임금을 주지 않았다. 모두 자신이 가장 좋아하는 일 또는 가장 잘할 수 있는 일에 종사하고, 생산물은 모두의 재산으로 간주하기로 했던 것이다.

공동체 내에서 별도의 논과 밭과 벽돌공장, 가축을 키우는 농장이 있었다. 이외에도 학교와 인쇄소가 있어서 신문까지 발행했다.

어느 날 미네소타 출신의 한 스웨덴 남자가 이 공동체에 들어왔다.

그는 인쇄소에서 일하게 해달라고 요청했다. 그러나 이내 그 일이 마음에 들지 않는다며 불만을 터뜨렸다. 그는 다시 농장에서 작업용 기계 운전을 시작했다. 또 다시 사흘 후 불만을 제기했고 세탁소로 일자리를 바꾸었다. 거기에서도 그는 겨우 이틀

밖에 버티지 못했다.

그렇게 공동체 내의 거의 모든 직업을 경험해보았다. 하지만 결국 어느 것도 마음이 내키지 않았다. 마침내 그런 사람은 공동체 생활에 부적합하다는 판단이 내려진 날이었다. 어떤 사람이 그가 아직 경험해보지 않은 일이 있다고 말했다. 그 일은 바로 벽돌공장에서 벽돌을 나르는 일이었다.

다음날 그는 수레를 끌고 다니며 화로에서 벽돌을 실어내 마당에 쌓는 일을 시작했다. 일주일이 흐른 뒤에도 그에게서는 어떤 불평도 나오지 않았다. 일이 마음에 드느냐고 물으면 그는 이렇게 대답했다.

"이렇게 재미있는 일은 처음이에요."

외발 수레에 무거운 벽돌을 나르는 일이 그에게 세상에서 가장 즐거운 일이었던 것이다.

그는 처음에 인쇄소에서 일했지만 금세 싫증내고 말았다. 뿐만 아니라 농장에서 기계를 만지고 세탁소에서 일을 해보았지만 마찬가지였다. 그러나 공동체에서 추방당하려는 찰나 그에게 맞는 일이 있었다. 그것은 다름 아닌 무거운 벽돌을 운반하는 일이었다. 사실 이 일은 모두들 힘들다고 기피하는 일이었다. 하지만 그에게는 오히려 즐거움을 가져다주는 놀이 같은 일이었던 것이다.

예화에서처럼 사람들마다 각자가 좋아하는 일은 다르다. 자신이 어떤 일을 좋아하고, 어떤 일이 자신에게 맞는지 발견하는 것이 중요하다. 만일 그렇지 않고 대충대충 이 일, 저 일 하다보면 진정 자신에게 맞는 일을 찾지도 못한 채 소중한 시간만 흘려보낼 것이기 때문이다.

성공자들은 하나 같이 자신이 좋아하는 일, 자신에게 맞는 일을 하라고 충고한다. 그들은 왜 그렇게 말하는 것일까? 그것은 바로 그들이 성공할 수 있었던 첫 번째 이유였기 때문이다. 자신이 좋아하지 않는 일을 하는 사람들의 얼굴은 대리석처럼 딱딱하게 굳어 있다. 또 세상 모든 걱정근심을 가진 듯 심각한 얼굴을 하고 있다. 이런 사람이 일을 통해 재미를 느끼고 삶의 목적을 깨달을 수는 없다.

반면, 자신이 좋아하는 일을 하는 사람의 얼굴은 꽃처럼 활짝 피어있다. 마치 누군가로부터 선물을 받은 듯한 기쁜 표정을 짓고 있다. 기쁜 얼굴을 하고 있는 사람은 바라보는 것만으로도 덩달아 기분이 좋아진다. 이런 사람이 자신이 하고 있는 일에서 즐거움을 느끼는 것은 어쩌면 당연할 것이다.

자신이 좋아하는 일뿐 아니라 자신에게 맞는 일을 하는 사람도 이와 마찬가지다. 자신에게 맞는 일을 하게 되면 자신의 능력을 100% 발휘할 수 있다. 때에 따라서는 200%를 발휘할 수 있을 것이다. 이는 누군가 시켜서 하는 게 아닌 스스로 일이 좋아서 열정을 쏟을 때 가능하다.

당신은 지금 하고 있는 일에 즐거움을 느끼고 있는가? 아니면 자꾸만 마음이 다른 곳을 기웃거리는가? 만일 그렇다면 자신과 맞지 않는 일을 하고 있다는 마음의 신호이다. 이제 여러분은 마음의 신호를 무시하든지, 따르든지 결정해야 한다. 불만을 마음속으로 삼키고 계속 지금의 일에 매달리면 매일이 오늘과 다를 바 없을 것이다. 반면 자신에게 맞는 일을 찾아 모험을 떠나면 당장은 힘들겠지만 미래는 행복할 것이다.

 기억해야 할 것은, 성공자들은 모두 자신이 좋아하는, 자신에게 맞는 일을 했다는 것이다.

상대를 내편으로 만드는 기술

• 따뜻한 관심으로 마음의 문을 열어라

결혼한 지 얼마 안 된 새색시가 장미 두 그루를 사서 정원에 심었다. 한 그루는 크고 아름답고 싱싱했지만 다른 한 그루는 말라빠지고 생기가 없어 보였다. 그녀는 이 말라빠진 장미에만 매일 물을 주었다.

어느 날 이웃 사람이 그녀에게 물었다.

"왜 한 그루에만 물을 주죠?"

그러자 그녀는 튼튼한 나무를 가리키며 말했다.

"저 나무는 내버려둬도 잘 자랄 테니까요."

얼마 지나지 않아서 볼품없던 장미는 싱싱해졌다. 반면 싱싱

했던 장미는 차츰 시들어갔다.

"너는 네 힘으로 일어나야 해" 하고 제 힘으로 자라도록 내버려두는 사람들이 많다. 그들은 "너는 혼자서도 충분히 잘 해낼 수 있어", "네 일은 네 스스로 해라" 하고 말한다. 그러나 제 힘으로 헤쳐 나갈 수 없는 시련에 부딪힌 사람은 혼자서 발버둥 치다가 지치거나 좌절한다. 아무리 좋은 것도 관심이 부족하면 장미처럼 시들거나 죽게 마련이다. 성장시키고 싶다면 꾸준히 관심을 가져주어야 한다.

윌리엄 펜은 말했다.

"인간이 이 세상을 사는 것은 단 한 번뿐이다. 그러므로 자신이 할 수 있는 선행이나 남에게 보여줄 수 있는 친절과 능력을 바로 지금 베풀라. 미루거나 게을리 하지 말라. 또 지나갈 수 있는 길이 아니기 때문이다."

관심은 상대를 내 편으로 만드는 기술 중의 하나다. 자신에게 관심을 가져주는 사람을 향해 등을 돌리거나 손가락질을 하는 사람은 없다. 사람의 마음속에는 누군가에게 사랑과 관심을 받고자 하는 욕망이 있기 때문이다.

대인관계가 원만한 사람들의 특징은 타인에게 관심을 가진다는 것이다. 그들은 상대를 향한 관심을 적절히 활용하는 사람들이다. 그들이 상대에게 관심을 가질 때 상대는 '이 사람, 정말 친절한 사람이구나', '왠지 모르게 이끌리는 사람이야' 하고 느끼는 것이다. 따라서 관심은 닫혀 있는 마음의 문을 활짝 여는 열쇠이다.

한 상류층 부부가 사교 파티에 참석하려고 막 집을 나설 때 전화벨이 울렸다. 베트남 전쟁에 참가했던 아들이었다.

"엄마, 저예요. 베트남에서 군복무가 끝나서 돌아가려고 해요."

"정말 잘 되었구나. 그래, 집에는 언제 오니?"

아들은 잠시 머뭇거리며 말했다.

"그런데 여기서 알게 된 친구도 집에 데려가고 싶어요. 괜찮죠?"

"물론 괜찮다. 며칠간 함께 지내려무나."

아들은 다시 떨리는 듯한 목소리로 말했다.

"엄마, 그런데 그 친구에 대해 미리 알아둬야 할 사실이 있어요. 두 다리는 모두 잘렸고 한 쪽 팔이 없어요. 얼굴도 심하게 손상되었고 눈과 귀도 한 쪽씩 잃었어요. 머물 곳이 꼭 필요한 친구예요. 전 그 친구와 같이 살고 싶어요."

어머니는 잠시 말이 없었다.

"얘야, 그 친구와 함께 사는 건 무리야. 네 친구의 사정은 딱하지만 주위 사람들이 우리를 어떻게 생각하겠니? 또 뭐라고 설명할 거니? 네 아빠나 친척들한테도……."

어머니가 이야기를 미처 끝내기 전에 아들은 전화를 끊어버렸다.

그날 밤 부부는 파티에서 늦게 돌아왔다. 현관문에는 캘리포니아 한 마을의 경찰서에서 전화를 달라는 메시지가 남겨 있었다.

부부가 경찰서로 달려갔을 때 경찰서장은 이렇게 말했다.

"순찰대원이 오늘 숨진 한 젊은이를 발견했습니다. 두 다리와 한 쪽 팔이 없고 얼굴은 심하게 손상되어 있었죠. 눈과 귀도 한 쪽씩 없었는데 머리에 총을 쏘아 자살한 것으로 밝혀졌습니다.

신원을 확인해보니 여러분의 아들이었습니다."

　헬렌 비긴톤은 "사람들의 모습을 있는 그대로 받아들여라. 그들을 변화시키려고 하지 말라"고 말했다. 상대를 자신에게 끌어당기는 힘은 관심이다. 반면 상대를 있는 그대로 받아들이지 않는다면 상대를 자신에게서 밀어내게 되는 것이다. 상대를 절대로 누군가와 비교해선 안 된다. 사람은 누구나 자신만의 색깔이 있기 때문이다. 만일 "너는 왜 매일 그 모양이니? ○○ 좀 닮지 그러니", "○○는 성실하고 감각도 있는데 너는 뭐야?" 하고 말하는 순간 상대에게 "우리 그만 만나자" 하고 말하는 것과 같다. 이는 상대의 있는 그대로의 모습, 즉 장점은 방치해두고 단점만 들춰내는 것과 다를 바 없다.
　"나는 사람들을 다루는 특별한 비결을 가지고 있지 않다. 나는 다만 사람들을 있는 그대로 받아들일 뿐이다."
　이 말은 폴 투르니에가 한 말이다. 사람들과 둥글둥글한 관계를 가지고 싶다면 관심을 가지면서 있는 그대로의 모습을 받아들일 줄 알아야 한다. 또한 저마다의 개성을 존중하면서 그 속에 깃들여 있는 장점을 발견해야 한다. 사람들을 있는 그대로 인정하고 받아들일 때 조화로운 관계를 형성할 수 있다.

성공 씨앗

• 나만의 역할을 찾아라

나는 최근에 나의 삶을 되돌아보게 한 고마운 책 한권을 읽게 되었다. 그 책은 엘리자베스 퀴블러 로스·데이비드 케슬러의 『인생 수업』이었다. 이 책을 천천히 읽어 내려가면서 내가 얼마나 삶을 헛되이 살고 있는가, 깨달을 수 있었다.

『인생 수업』에 보면 이런 말이 나온다.

누군가 미켈란젤로에게, 어떻게 피에타상이나 다비드상 같은 훌륭한 조각상을 만들 수 있었느냐고 물었다. 그러자 미켈란젤로는 이미 조각상이 대리석 안에 있다고 상상하고, 필요 없는 부분을 깎아 내어 원래 존재하던 것을 꺼내주었을 뿐이라고 대답했다.

　이미 존재하고 있었고 앞으로도 영원히 존재할 완벽한 조각상이 누군가가 자신을 꺼내주기를 기다리고 있었다. 이처럼 당신의 내면에 있는 위대함도 밖으로 나오기만을 기다리고 있다.

　사람은 누구나 내면에 위대함의 씨앗을 가지고 있다. 위대한 사람이란 다른 사람이 갖지 못한 특별한 무언가를 가진 사람이 아니다. 그는 단지 가장 뛰어난 자신을 드러내는데 장애물을 제거해 버렸을 뿐이다.

　미켈란젤로가 만든 피에타상과 같은 훌륭한 조각은 우리의 내면에 숨어 있는 성공 씨앗에 비유할 수 있다. 자신이 원하는 무엇이든 할 수 있고, 될 수 있는 성공 씨앗은 모든 사람에게 있다.

　하지만 모든 사람들이 쉽게 이 성공 씨앗을 미켈란젤로처럼 위대한 조각상으로 만들 순 없다. 먼저 자신의 내면에 그런 위대한 능력이 감춰져 있다는 것을 믿을 수 있어야 하기 때문이다.

　세상에 존재하는 것은 저마다 나름의 역할이 있다. 저마다의 역할을 제대로 찾아가는 사람은 행복과 성공적인 삶을 살게 된다.

　하지만 저마다의 역할이라고 하는 것을 어떻게 찾을 수 있을까? 그것은 자신의 살아온 경험을 바탕으로 한 자신을 해석하는 태도 등 사고 패턴에 달려 있을 것이다. 사고 패턴은 너무나 오랫동안 나와 함께 해왔던 탓에 의식하지 못한 채 습관적으로 세상과 나를 해석한다.

우리는 어떤 사고 패턴으로 자신과 세상을 해석하고 있을까?
헬렌 켈러는 이런 말을 했다.

"비관론자가 천체의 비밀이나 해도에 없는 지역을 항해하거나 인간 정신세계에 새로운 지평을 연 사례는 단 한 번도 없다."

그녀는 시각, 청각장애자이면서 39개국을 여행하고 11권의 책을 저술하며 시각장애인의 권리를 위해 투쟁하며 살았다. 비관적이거나 부정적인 사고 패턴 보다는 낙관적이고 긍정적 사고 패턴의 습관을 가져야 한다. 의식적으로 그런 습관을 가질 때 자신의 삶의 새로운 세계를 여는데 많은 도움이 될 수 있을 것이다.

당신의 내면에는 위대한 성공 씨앗이 숨어 있다. 성공 씨앗은 여러분이 하루 속히 바깥으로 꺼내주기만을 애타게 기다리고 있다. 그 일은 다른 누군가가 대신 해줄 수 없다. 오로지 자기 자신만이 내면의 빗장을 풀고 성공 씨앗을 여러분의 세계에 심을 수 있다.

성공은 외부 환경이 만들어 주는 것이 아니라 나의 선택에 의해 창조된다. 자기 자신만이 원하는 나를 창조할 수 있는 것이다.

PART 5

스스로 알을 깨고 나와라

시련을 기회로 역이용하라
• 알을 빠져나와 창공을 날아라

버질은 말했다.
"인간에게 능력이 있는 이유는 그들 스스로 능력이 있다고 생각하기 때문이다."

사람들 중에 "나는 제대로 하는 게 없어", "나같이 못난 놈이 무얼 할 수 있겠어?" 하고 비관적으로 말하는 사람이 있다. 이런 사람은 자신의 능력을 알지도 못한 채 과소평가하는 우를 범하는 것이다. 이런 사람들은 충분히 성공자가 될 수 있는데도 불구하고 스스로 실패자의 길로 들어서는 것과 다를 바 없다.

성공자들은 1%의 가능성 속에서 성공 씨앗을 찾아낸다. 자신의 확고한 믿음과 성공 씨앗으로 원하는 바를 성취해낼 수 있는 것이다. 그들에게 처음부터 특별한 기회나 찬스가 있었던 것은 아니다. 실패자들이 99%의 가능성 속에 숨어 있는 1%의 불가능 때문에 좌절하거나 포기할 때 성공자들은 99%의 불가능성 속에서 1%의 가능성으로 정상에 설 수 있었던 것이다.

1904년 미국 텍사스 주에 파산 직전의 한 농부가 있었다. 어느 큰 정유 회사가 농부의 땅 어딘가에 석유가 있을 거라고 생각하고 농부에게 경비를 지원해주고 땅을 파서 석유를 찾게 했다. 만일 농부가 석유를 찾으면 그 수익의 일부를 받을 수 있었다.

농부는 열심히 땅을 팠고 다행스럽게도 몇 달이 지나지 않아 석유를 발견했다. 엄청난 양의 석유가 그의 농장에 묻혀 있었다. 그러나 농부는 오랜 세월 동안 그 사실을 모른 채 지내온 것이다. 석유는 처음부터 그곳에 묻혀 있었다.

당신의 능력도 이와 같이 숨겨진 것을 찾기만 하면 된다. 당신의 능력을 덮고 있는 뚜껑을 열어라.

콜튼은 "기회를 잡을 수 있을 뿐 아니라 기회를 만들 수 있어야 위대한 사람이다"라고 말했다. 기회는 잡는 것도 중요하지만 스스로 자신에게 유리한 상황을 만들어가는 것도 중요하다. 그래야만 어려움을 찬스로 변화시킬 수도, 결정적인 기회를 이끌어낼 수도 있기 때문이다.

헤르만 헤세의 『데미안』에 이런 말이 나온다.

"새는 알 속에서 빠져 나오려고 싸운다. 알은 세계이다. 태어나기를 원하는 자는 하나의 세계를 파괴하지 않으면 안 된다."

새는 세상에 나오기 위해 감옥 같은 딱딱한 껍질을 깨야 한다. 이때 그 껍질은 다른 누군가가 대신 깨뜨려 줄 수 없다. 만일 다른 누군가의 도움을 받아 쉽게 세상에 나왔다면 그 새는 얼마 못 가 죽고 말 것이다.

그렇듯이 성공으로 이끌어주는 기회 또한 다른 사람이 대신 만들어줄 순 없다. 설사 누군가가 기회를 제공한다하더라도 자신이 의도하는 대로 기회를 활용할 수 없을 것이다. 어떻게 기회가 생겼고 그 기회가 뜻하는 바를 제대로 인식하지 못하기 때문이다.

헨리 워즈워드 롱펠로우는 "다른 사람은 우리가 해놓은 일로 우리를 판단하고, 우리는 스스로 할 수 있다고 생각하는 일로 자신을 판단 한다"고 말한 바 있다. 우리 모두는 우주의 중심이자, 인생의 주인이다. 자신이 어떤 사고를 가지고, 어떤 선택과 결정을 하느냐에 따라 미래는 달라진다. 미래는 그 누구도 아닌 자기 자신이 만들어갈 수 있기 때문이다.

어느 날 거북이 한 마리가 도로 한복판에 있는 커다란 구멍에 빠졌다. 마침 지나가던 토끼가 거북이를 도와주려 했지만 진흙 투성이의 구멍에 빠져버린 거북이는 꼼짝도 할 수 없었다. 다른 친구들이 와서 도와주려고 했지만 거북이는 그들의 도움을 거절했다. 자신의 운명이 이미 결정되어 버렸다고 믿었기 때문이다.

  거북이가 절망하고 있을 때 굉음과 함께 커다란 트랙터 한 대가 구멍이 있는 곳을 향해 달려오고 있었다. 그 때 거북이는 무의식적으로 구멍에서 황급히 뛰어올랐다. 친구들은 거북이에게 물었다.

  "구멍에서 어떻게 나왔니? 못 나올 줄 알았는데."

  "응, 나도 못 나올 줄 알았어. 그런데 내 쪽으로 트랙터가 달려오고 있는 것을 본 순간 어떻게든 피해야만 했지."

  심리학자 롤로 메이에 따르면 인간은 변화하지 않으려는 성향이 있다고 한다. 이 성향은 인생의 익숙함 속에서 나오려고 하지 않는 것이다.

  하지만 익숙함 속에서 뛰쳐나가려면 움츠렸던 목을 내밀 수 있어야 한다. 사실 그러기 위해선 많은 두려움과 불안함이 마음을 엄습할 것이다. 그렇다고 해서 익숙함 속에 안주해선 안 된다. 만일 그렇다면 물이 서서히 뜨거워진다는 것도 모른 채 따뜻함에 취해 죽어가는 어리석은 개구리와 다를 바 없다.

  변화에 맞서려는 용기가 적은 사람들은 루돌프 스타이너의 말을 기억해야 할 것이다.

  "인간은 정지해 있는 존재가 아니라 변화하는 과정 속에 있는 존재이다. 변화 가능성이 클수록 뭔가를 성취하기도 쉬워진다."

  살아가면서 만나게 되는 여러 가지 시련을 피하기만 해선 안 된다. 오히려 자신을 변화시키는 기회로 삼아야 한다.

또한 그 기회를 잘 활용해 더 나은 상황으로 이끌 때 현실은 무지갯빛으로 채색될 것이다.

성공 키워드

• 나에게 쏟아지는 비방을 디딤판으로 이용하라

 우리는 꿈과 목표, 계획을 가지고 있으면서도 종종 넘어지곤 한다. 뜻하지 않은 암초에 배가 난파되듯이 시련에 무릎을 꿇는 것이다. 시련은 단지 시련일 뿐 우리가 절망하거나 피할 두려움이 아니다. 그러나 사람들은 시련 앞에서 힘도 써보지 못한 채 포기하고 만다. 그들은 시련을 견디고 극복하기 위해 노력하기보다 살아남기 위해 달아나는 패잔병처럼 쉬운 길로 돌아간다. 그렇게 그들은 처음 계획했던 목표를 던져버리고 보통 사람의 삶으로 돌아가는 것이다.

 성공자와 실패자의 차이는 시련 앞에서 절대 절망하지 않는 것이다. 전자는 시련은 뛰어넘어야 할 산으로 생각하는 반면, 후자는 결코 넘지 못할 산으로 생각한다. 그래서 전자는 고통스럽지만 그것을 뛰어넘어 오아시스를 찾는다. 후자는 왔던 길을 돌아가 예전보다 더 못한 삶을 살게 되는 것이다.

실패자들이 불안해하고 절망할 때 성공자들은 용기와 희망을 가진다. 또한 반드시 시련 속에 기회가 숨어 있다는 믿음을 저버리지 않는다. 이것이 바로 보통 사람이 성공자의 길로 들어서는 키워드인 것이다.

짐을 지고 나르던 중에 당나귀가 빈 우물에 빠졌다. 우물에 빠진 당나귀는 농부를 보며 슬프게 울부짖었다. 그러나 농부는 슬프게 울부짖는 당나귀를 구할 도리가 없었다.

한참을 궁리하던 끝에 농부는 생각했다.

'이제 당나귀도 늙었고 우물도 쓸모없으니 그냥 메워버리자'

농부는 생각 끝에 당나귀를 단념하기로 마음먹었다. 그래서 동네 사람들에게 도움을 청하기로 했다.

동네 사람들은 우물을 파묻기 위해 제각기 삽을 가져왔다. 그들은 곧장 흙을 파서 우물을 메우기 시작했다.

사람들이 우물 속으로 흙을 던져 넣을 때 당나귀는 더욱 더 울부짖었다. 그러나 조금 지나자 웬일인지 당나귀는 잠잠해졌다.

동네 사람들이 궁금해 우물 속을 들여다보았다. 그랬더니 놀라운 광경이 벌어지고 있었다. 당나귀는 위에서 떨어지는 흙더미를 털어 바닥에 떨어뜨리는 것이었다. 그리하여 발밑에 흙이

쌓이고, 당나귀는 그 흙더미를 타고 점점 높이 올라오고 있었다.
그렇게 해서 당나귀는 자신을 묻으려는 흙을 이용해 무사히 그 우물에서 빠져 나올 수 있었다.

살다보면 때론 사람들이 나에게 상처주기 위해 던진 비방과 굴욕이 오히려 나를 살리기도 한다. 그들이 진흙을 나에게 던질 때 피하거나 단념하기보다 그것을 앞으로 나아가기 위한 디딤판으로 활용한다면 더 높이 성장할 수 있다. 그래서 시련도 때론 기회가 된다는 말이 생겨났다.

시련 앞에서 결코 절망하거나 두려워해선 안 된다. 만일 당나귀가 우물 안에서 희망을 포기했다면 사람들이 던지는 흙에 파묻혀 죽고 말았을 것이다. 그러나 그런 일은 일어나지 않았다. 희망을 버리지 않았기 때문이다. 오히려 사람들이 자신을 위험에 빠뜨리기 위해 던지는 흙을 살기 위한 방편으로 삼을 수 있었다.

생각을 뒤집을 줄 알아야 한다. 인생은 불행이 행운이 되고, 행운이 불행이 되는 새옹지마(塞翁之馬)이기 때문이다. 우물 속 당나귀같이 극한 공포와 절망 속에서도 희망을 놓지 않는다면 반드시 기회를 잡을 수 있다. 그 기회가 여러분에게 주는 선물은 그동안의 모든 어려움과 고통을 보상하고도 남을 것이다.

반드시 정복해야할 다섯 가지

• 자기감정, 건강, 인간관계, 경제력, 시간을 정복하라

    산을 오르기 위해선 그에 맞는 요령을 익히고 수칙을 지켜야 한다. 그래야 좀 더 안전하게 정상에 오를 수 있다. 그렇듯이 인생에도 그에 맞는 인생수칙이 있다. 대부분의 사람들은 아무 생각 없이 하루하루 살아간다.

    성공자들은 인생을 결코 안일하게 살지 않았다. 항상 산을 오르듯이 조심조심 그에 맞는 인생수칙을 지키며 자신의 꿈을 향해 살았던 사람들이다. 그들이 누구보다 행복하게 살 수 있던 것은 그런 그들의 노력이 있었기 때문이다.

    나는 행복한 삶을 살기 위해 반드시 정복해야할 다섯 가지를 말하고자 한다. 당신이 생각하기에 이미 알고 있거나 평범한 이야기들이라고 생각할 수도 있겠다. 하지만 그렇기에 그동안 너무 사소하게 여겼던 것은 아닐까.

자기감정을 정복하라

우리의 내면에는 무한한 가능성이 숨어 있다. 하지만 자신의 감정을 억제하지 못해 그런 능력을 잃어버리곤 한다.

예를 들어 가끔 뜻하지 않은 일로 인해 화가 나거나 불쾌한 감정에 빠지곤 한다. 이때 스스로의 감정을 다스리지 못한다면 다른 사람에게까지 좋지 않은 감정이 전염될 수 있다. 그리하여 좋은 관계를 악화시키기도 한다.

스스로를 불쾌한 감정 속에 빠뜨리는 경우가 얼마나 많은지 생각해보면 크게 놀랄 것이다. 많은 사람들이 자기감정을 조절하지 못해 수많은 기회를 잃어버린다. 따라서 행복한 삶을 살기 위해선 무엇보다 자신의 감정을 조절할 수 있어야 한다.

건강을 정복하라

비거스탑이 말했다.

"병든 제왕보다는 건강한 구두 수선공이 더 훌륭한 사람이다."

아무리 천하를 가진 제왕일지라도 건강하지 않다면 아무 소용 없다. 늘 병에 시달려 고통스러운 나날을 보내야할 테니까. 반면 건강한 수선공은 가난하더라도 자신의 일을 하면서 기쁨과 행복을 느낄 수 있다.

건강은 사람에게 있어 전부라고 해도 과언이 아니다. 건강할 때 의욕이 생기고 꿈을 향해 열정을 쏟을 수 있다. 꿈이 있는 사람은 건강부터 챙긴다. 그래서 바쁘더라도 일부러 시간을 내어 운동으로 몸을 돌보는 것이다.

인간관계를 정복하라

"나는 왜 이리 되는 일이 없을까?"
"내 주위엔 배경 있는 사람이 없어."

이렇게 말하는 사람들 중 대다수는 인관관계가 좋지 않다. 평소 선후배와 직장동료들을 위하기보다 자신을 챙기기에 바빴던 부류라고 할 수 있을 것이다. 주위에 "나만 잘 먹고 잘 살면 되지" 하고 말하는 사람도 있다. 그러나 인생은 결코 혼자만의 힘으로 잘 살지 못한다. 알게 모르게 다른 사람들의 도움을 받기도, 주기도 하며 사는 것이다.

성공자들은 누구보다 인맥을 잘 구축했던 사람들이다. 나보다 상대방을 존중하고 배려하는 마음을 잃지 않았다. 그들이 성공할 수 있었던 데는 다양한 이유가 있을 것이다. 하지만 무엇보다 자신을 성공으로 이끌어준 기회가 인맥 속에서 생겨났다는 것을 간과해선 안 된다.

미국의 빌 클린턴 대통령은 어린 시절부터 꿈이 미국의 대통령이었다. 친구들의 말에 따르면 그는 사람들을 만나면 그 사람에 관한 정보를 노트에 빠짐없이 기록했다는 것이다. 그는 대통령이라는 꿈을 이루기 위해 어린나이에도 인맥의 필요성을 절실히 느끼고 실천했다.

경제력을 정복하라

단순히 돈이 있다고 해서 행복한 삶을 살 수 있는 것은 아니다. 그러나 돈이 있다면 그렇지 않은 삶보다 좀 더 안정되고 윤택하게 살 수 있다. 그리고 그만큼 활동영역이 넓어질 뿐 아니라 더 많은 경험을 쌓을 수 있다.

경제력을 정복하지 못하면 늘 돈에 허덕이게 된다. 돈에 쫓기는 사람이 목표를 세우고 꿈을 이룬다는 것은 그렇지 않은 사람보다 수십 배, 수백 배의 고통이 뒤따르게 마련이다.

경제력이 없는 사람들의 입에선 "나도 돈만 있으면 성공할 수 있을 텐데", "총알이 있어야 뭘 해보든가 하지" 이런 말들이 스스럼없이 튀어나온다. 이런 말을 내뱉는 순간 스스로 부정적인 사고의 늪 속으로 걸어 들어가는 것과 같다. 부정적인 사고를 가진 사람은 시작부터 실패를 염두에 두기 때문에 결코 성공할 수 없다.

생활이 안정되고 마음이 편해야 주위가 보이는 법이다. 따라서 목표를 이루고 성공자가 되기를 원한다면 최대한 지출을 줄이고 미래를 위해 저축하는 습관을 들여야 한다. 저축하는 습관은 훗날 결정적인 순간에 여러분이 꿈을 향해 날 수 있도록 날개를 달아줄 것이다.

시간을 정복하라

"오늘 하루를 헛되이 보냈다면 그것은 커다란 손실이다. 하루를 유익하게 보낸 사람은 하루의 보물을 파낸 것이다. 하루를 헛되이 보냄은 내 몸을 헛되이 소모하고 있다는 것을 기억해야 한다."

앙리 프레데리크 아미엘의 말이다. 모든 사람에게 가장 공평한 것이 시간이다. 시간은 우리가 인생이라는 테두리 속에서 누릴 수 있는 한정된 자원이다. 이 한정된 자원을 어떻게 생산적으로 활용하느냐에 따라 행복하고 후회 없는 삶을 살 수 있다.

어떤 사람들은 걱정 근심으로 시간을 무의미하게 소비한다. 일어나지 않을 일에 대한 걱정으로 시간을 허비하고 있는 것이다.

프랭클 박사가 말했다.

"인생에서 일어나는 사건들 중 10%만이 실제로 일어나는 일이며, 90%는 그 일들에 반응하는 우리의 태도에 달려 있다."

어떤 삶의 자세를 취할 것인가는 당신에게 있다. 여러분이 삶을 어떤 시선으로 바라보느냐에 따라 시간을 효율적으로 쓸 수 있고 그만큼 생산적인 삶을 살 수 있을 것이다.

진리는 결코 먼 곳에 있지 않다. 항상 우리와 가장 밀접한 생활 속에 숨어 있는 것이다. 행복한 삶을 살기 위해 위의 다섯 가지를 정복한다면 자신이 원하는 삶을 살 수 있을 것이다.

처음에는 힘들고 귀찮겠지만 꿈을 이루기 위한 비용을 지불한다고 생각하라. 그러면 한결 수월하게 위에 열거한 다섯 가지를 정복할 수 있을 것이다.

에디슨에게 배우는 열정

• 가장 큰 파산은 열정을 잃어버린 것이다

　열정은 비행기를 뜨게 하는 추진 장치와 같다. 추진 장치가 강력할수록 비행기가 빠른 시간에 고공비행을 할 수 있듯이 강한 열정은 좀 더 빠른 시간 안에 목표를 이룰 수 있게 해준다.
　성공자들은 하나 같이 열정적으로 살았던 사람들이다. 그들이 보통 사람들과 차이점이 있다면 바로 뜨거운 열정일 것이다. 성공자들은 자신이 선택한 일에 목숨을 바치듯 최선을 다한다. 일을 할 때나 쉴 때 누군가를 만날 때조차 자신이 하고 있는 일에 대한 생각을 놓지 않는다. 오로지 어떻게 하면 좀 더 빠른 시간 안에 성과를 낼 수 있을까 하고 생각에 집중하는 것이다.

반면, 보통 사람들은 지금 하고 있는 일에 별 흥미를 느끼지 못한다. 따라서 흥미를 느끼지 못하는 일에 열정이 생겨날리 만무할 것이다. 그래서 그들은 일을 대충 해나가게 된다. 결국 성과가 나타나지 않거나 어려움에 부딪히게 되면 '이 일은 나와는 맞지 않아', '내가 여기 말고 일할 곳이 없는 줄 알아?' 하고 이직을 하게 된다. 이런 패턴이 이어지게 되면 다람쥐 쳇바퀴 돌듯 실패한 삶을 살게 되는 것이다.

1914년, 어느 겨울밤이었다. 에디슨의 공장에 원인 모를 불이 나 모든 것을 잿더미로 만들어버렸다. 그 화재로 인해 에디슨이 평생 바쳐 노력한 결과가 모두 사라지고 말았다.

그 시간에 에디슨은 외부에서 업무 차원으로 누군가를 만나고 있었다. 그런 그에게 화재소식이 전해졌고 급히 달려온 에디슨은 바람을 타고 번져 나가는 화염을 그저 보고 있을 수밖에 없었다. 그때 에디슨의 나이 67세였다.

그 화재는 에디슨에게는 재기 불능의 재난인 것처럼 보였다. 다음날 아침 에디슨은 직원들과 함께 잿더미로 변한 공장을 둘러보았다.

공장 내부를 둘러본 후 에디슨은 말했다.

"지금까지 우리가 저지른 모든 시행착오며 실패들이 화염에 완전히 타 버렸다. 지금부터 우리는 그런 실패들을 거치지 않고 더 큰 성공을 향해 다시 시작할 수 있게 되었다. 그러니 화재는 우리에게 희망이라는 큰 선물을 안겨준 것이다."

그리고 3주일 후에 기쁜 소식이 전해졌다. 그 소식은 다름 아닌 에디슨의 공장이 첫 축음기를 생산하는데 성공했다는 것이다.

이 글을 읽고 있는 사람들 가운데 인생이 절망스럽게 느껴지는 사람도 있을 것이다. 하지만 조금만 더 깊이 생각해보면 여러분은 재기 가능한 '행복한 사람'이라는 것을 알 수 있다.

여러분 가운데 에디슨과 같은 심각한 어려움에 처한 사람이 있는가? 아니면 봄이 불구가 되어 말을 하지 못하거나 움직이지 못하는 사람이 있는가? 아마 이 질문에 대답하는 사람은 거의 없을 것이다. 그렇다면 아직 여러분은 자신에게 있는 열정을 다 쏟아 붓지 않았기에 불행한 것이다. 이는 게으르고 요령만 피우던 사람이 성실하게 일해서 성공을 이룬 사람을 시샘하고 비난하는 것과 다를 바 없다.

H. W. 아놀드가 말했다.

"가장 큰 파산은 열정을 잃어버린 것이다. 모든 것을 다 잃어도 열정만은 잃지 말라. 그러면 언제든 다시 일어설 수 있다."

여러분의 가슴속에 깃들어 있는 꿈을 현실로 변화시키기 위해선 열정이 필요하다. 열정이야말로 불행한 인생을 행복한 인생으로 바꾸어주는 마법의 힘을 지니고 있기 때문이다. 열정은 다른 곳에 기웃거리지 않고 자신이 계획한 일이나 하고 있는 일에 전념할 수 있게 해준다.

대부분의 실패자들은 자신의 능력이 모자라서 실패한 것이 아니다. 정작 그들에게서 모자란 것은 다른 요소들이다. 일에 대한 욕심, 성공에 대한 갈망, 지칠 줄 모르는 열정……. 그들이 조금만 더 열정을 쏟았다면 충분히 이룰 수 있는데도 불구하고 이런 성공 요소들이 성공자들에 비해 모자랐기 때문에 실패라는 오점을 남겼던 것이다.

절망에 빠진 사람이 신부를 찾아왔다. 그는 신부에게 슬픈 어조로 자신의 처지를 토로했다.

"신부님, 저는 인생의 낙오자입니다. 저는 제가 해야겠다고 마음먹은 일들의 절반도 이루지 못했습니다. 그러니 어떤 말이어도 좋습니다. 제발 저에게 힘이 되는 말씀을 해주세요."

신부는 한참 동안 생각에 잠겼다. 그리고 잠시 후 이렇게 말했다.

"뉴욕 타임스의 1970년 판 연감의 930페이지를 찾아보십시오. 그러면 마음의 평화를 얻을 수 있을 것입니다."

이 말을 듣고 그는 그 길로 도서관에 가서 그 기사를 찾아보았다. 그 기사는 미국의 야구사상 가장 훌륭한 선수라는 타이콥의 연간 타율에 관한 것이었다. 타이콥의 연간 타율이 3할 6푼 7리밖에 되지 않았다는 것이다.

'이 기사가 나와 무슨 상관이란 말인가!'

그는 기사를 읽은 후 신부한테 돌아와서 이렇게 물었다.

"제가 아무리 기사를 찾아보아도 타이콥의 타율이 0.367이었다는 기사밖에는 없었습니다. 그 기사가 저와 무슨 관련이 있습니까?"

신부는 미소를 띠며 말했다.

"바로 그것입니다. 그처럼 훌륭한 선수도 타석에 세 번 서서

안타를 한 번밖에는 치지 못한다는 것을 잊지 마십시오."

누구나 실수를 할 수 있다. 그러나 실수했다고 해서 마치 인생이 끝난 것 같은 한숨을 짓지 말아야 한다. 물론 경우에 따라서 심각한 상황에 처할 때도 있을 것이다. 그렇다고 해서 인생이 끝나는 것은 아니다. 분명 다시 실수를 만회할 기회가 얼마든지 있다.

화재는 에디슨이 평생을 바쳐 이룬 업적을 모두 앗아가고 말았다. 하지만 그는 결코 절망하지 않았다. 오히려 그동안 자신이 했던 실수를 덮는 계기로 삼았고 축음기라는 위대한 선물을 우리에게 남겼다.

뜻하지 않은 실수를 했을 때 자책하기보다 배움을 얻는 기회로 삼아보라. 실수보다 더 좋은 공부는 없다. 실수는 여러분의 부족한 점이나 개선해야 할 점을 지적해주는 훌륭한 스승이다. 때문에 성공자들 중에 실수를 부끄러워했던 사람은 단 한 사람도 없었다는 것을 잊지 말자.

희망을 품고 꿈을 향해 쏴라

• 반드시 꿈은 이루어진다

영국 속담에 보면 이런 말이 있다. '희망 속에 사는 사람은 음악 없이도 춤춘다' 아무리 현실이 어려움에 봉착해 있더라도 희망만 잃지 않으면 결코 절망스럽지 않다. 희망을 품고 있는 사람은 곧 어려움을 툴툴 털고 다시 재기할 것이기 때문이다.

신은 우리에게 감당해내지 못할 시련은 결코 주지 않는다. 따라서 포기하지 않고 최선을 다한다면 충분히 극복할 수 있게 마련이다. 그러나 불행히도 많은 사람들은 시련에 부딪히면 '내 능력으로는 어림도 없어', '내겐 성공이란 단어가 어울리지 않아' 하고 포기해버린다. 그렇게 그들은 점점 희망을 잃고 성공의 대열에서 멀어지는 것이다.

   절망은 눈부신 성공을 위해 있는 것이다. 어떠한 성공도 시련이나 고난을 겪지 않고 쉽게 이루었다면 값지지 않을 것이다. 성공이 큰 의미가 있는 것은 자신의 한계를 뛰어넘었기 때문이다.

   영국의 소설가 찰스 디킨스는 『크리스마스 캐럴』, 『올리버 트위스트』 등으로 세계적인 작가로 손꼽히고 있다. 디킨스의 작품들은 소박한 평민이나 빈민, 귀족을 막론하고 누구에게나 강한 호소력을 지니고 있다.

   그는 유복한 가정에서 태어나 행복한 어린 시절을 보냈다. 하지만 그가 소년이었을 때는 누구보다 불행한 시절을 보내야 했다.

   디킨스의 아버지는 당시 해군 경리국 사무원으로 근무하고 있었다. 아버지는 호인이었으나 금전관념이 희박하여 디킨스는 소년시절부터 빈곤의 고통을 겪었다. 결국 그가 열두 살 되던 해, 집은 완전히 재정 파탄 상태에 이르렀다. 디킨스는 하는 수없이 학교를 그만둘 수밖에 없었다.

   그러나 불행의 그림자는 거기에서 멈추지 않았다. 그의 아버지는 남에게 진 빚으로 인해 감옥에 갇혔고, 이 일은 어린 디킨스에게 너무나 큰 충격이었다.

   그는 고통스러운 마음을 다잡고 용기를 내 구두 닦기를 시작했다. 길모퉁이 한쪽에 자리 잡고 앉아 손에 까만 구두약이 묻는 것에는 신경 쓰지 않고 열심히 구두를 닦았다.

   어린 디킨스의 구두를 닦는 솜씨는 비록 서툴렀지만 마음만은 언제나 희망으로 가득 차 있었다. 손님들조차 구두를 닦으며 어려운 생활 속에서도 희망을 잃지 않는 그의 모습이 기특해 칭찬과 격려를 아끼지 않았다.

디킨스는 밤늦게까지 구두를 닦으면서도 힘든 내색을 하지 않았다. 오히려 늘 휘파람을 부르거나 노랫가락을 흥얼거리곤 했다. 자신의 처지를 슬퍼하는 대신 노래로 달래곤 했던 것이었다. 그가 부르는 노랫소리는 다른 사람들의 마음까지 유쾌하게 해주었다.

사람들은 길을 지나다 노래를 부르며 즐겁게 구두를 닦는 디킨스를 보며 한마디씩 건네곤 했다.

"오늘 무슨 좋은 일이 있니?"

디킨스는 환하게 웃으며 이렇게 대답하는 것이었다.

"좋은 일요? 당연히 있죠. 지금 저는 희망을 닦고 있거든요."

15살 때 그는 변호사 사무실의 사환으로 일했다. 그리고 이듬해 법원의 속기사, 그리고 신문사의 통신원을 거치기도 했다.

1837년에 완결시킨 장편 『피크위크 페이퍼스』에 이어 『올리버 트위스트』를 발표해 폭발적인 인기를 얻어 작가로서 명성을 얻었다. 디킨스는 자신이 직접 경험했던 가난을 통해 가난한 사람들의 삶과 고통을 이해할 수 있었던 것이다.

인터넷에서 우연히 36세의 나이로 보스턴컨설팅그룹(BCG)에서 파트너 자리에 오른 채수일 부사장의 인터뷰를 읽었다.

그는 이렇게 말했다.

"나이가 들어 늙는 게 아니라 희망을 잃어 늙는 것입니다."

컨설팅을 통해 수많은 샐러리맨을 만나왔던 그는 희망을 잃는 사람들을 보며 안타까워했다.

그는 또 덧붙여서 말했다.

"국내 샐러리맨들을 보면 정말 안타깝다는 생각이 들어요. 솔직하게 말하면 딱하다는 생각마저 들지요. 기회가 자유롭게 주어지는 것도 아니고 예전처럼 평생직장의 개념이 확고한 것도 아니기 때문입니다. 시스템도 문제이긴 하지만 샐러리맨들 자신도 변해야 합니다. 노력도 하지 않으면서 불평만 하는 행동은 분명 문제가 있습니다. 성공적인 삶을 살기 위해선 꿈과 희망을 소중하게 가꿔야 합니다. 반드시 언젠가는 이루어지거든요."

희망을 잃지 않으면 자신이 원하는 것을 성취할 수 있다. 자신의 꿈이 무엇이건 간에 꿈을 향해 꾸준히 매진한다면 기회가 성공으로 이끌기 때문이다. 지금 이 순간에도 쉬지 않고 희망을 품고 꿈을 가꿔나가는 사람들이 있다. 그들은 분명 꿈을 현실로 바꿔 행복한 삶을 살 것임을 믿어 의심치 않는다.

시련과 친해져라

• 시련은 기회와 함께 다가온다

"나는 이제 끝장이야!"
"아무리 노력해도 안 되는걸."
"되는 일이 하나도 없어."

주위에 이렇게 말하는 사람들이 있다. 이들은 자신에게 닥친 시련을 극복하려고 애쓰기보다 '왜 나야?' 하고 불만을 터뜨리는데 여념이 없다. 그리하여 자책만 하다 불행의 늪 속으로 빠져들게 되는 것이다. 살다보면 좋은 일만 있을 순 없다.

따라서 좋은 일이 있을 때는 다음에 닥칠 불행에 대해 미리 생각해야 한다. 뿐만 아니라 불행한 일이 닥쳤을 때는 곧 좋은 일이 찾아올 거라는 희망으로 어려움을 극복해야 한다.

　불행은 어떤 시선으로 보느냐에 따라 절망의 시작이 될 수도, 희망의 시작이 될 수도 있다. 추운 겨울 꽁꽁 언 땅을 보며 어떤 사람은 곧 언 땅이 녹고 그 위로 새싹이 자라는 상상을 한다.

　반면, 또 다른 사람은 언 땅을 보며 봄이 오지 않으면 어쩌나 하는 걱정에 사로잡혀 있다. 긍정적인 사람은 어떤 어려움 속에서도 한줄기 빛을 바라볼 테지만 부정적인 사람은 평화로움 속에서도 깜깜한 암흑을 떠올리며 불안해할 것이다.

　1925년 호주에서 태어난 데이비드 위런은 아홉 살 때 불행히도 비행기 추락사고로 아버지를 잃었다. 소년 위런은 그 충격과 슬픔을 잊기 위해 아버지가 남긴 라디오를 분해하고 조립하는 과정을 되풀이했다. 그는 훗날 아버지가 남긴 라디오를 통해 특별한 길을 걷게 되었다.

　1953년 호주 국방과학기술연구소에서 일하던 위런은 원인을 알 수 없는 비행기 추락사고가 잦다는 것을 알았다. 그래서 위런은 사고 4시간 전의 조종석 상황을 녹음할 수 있는 기계를 만들었다.

　바로 아버지의 라디오를 분해 조립하며 얻은 지식으로 발명한 기계였던 것이다. 그러나 동료들은 이 발명품을 신통치 않게 생각했다.

　그의 상사는 쓸데없는 일에 시간을 쏟는다며 질책했다.

　"호주의 항공 산업에서 그런 장치는 쓸모없다. 자네는 허구한

날 일은 하지 않고 딴 짓만 하고 있나?"

하지만 위런은 결코 포기하지 않았다.

어느 날, 영국 항공 관계자가 국방연구소를 방문했다. 그때 위런은 항공 관계자에게 자신이 만든 발명품을 어떻게 소개할까 궁리했다. 그러나 아무리 생각해도 좋은 생각이 떠오르지 않았다. 하는 수 없이 위런은 식사를 하는 그에게 무작정 다가가 자신의 발명품을 설명했다.

그런데 놀라운 일이 일어났다. 바로 영국 항공 관계자가 그가 만든 발명품의 가치를 알아보았던 것이다. 그는 시제품 한 개를 영국으로 가져갔다. 그리고 곧 영국, 캐나다, 미국 등의 군용 비행기에 이 발명품을 장착하게 되었다.

1963년에는 호주가 세계에서 처음으로 모든 민간 여객기에 이 장치의 장착을 의무화하는 법률을 만들게 되었다.

지금 지구상의 거의 모든 항공기에 위런이 발명한 비행기록계, 일명 '블랙박스'가 설치되어 있다. 만약 위런이 비행기 추락 사고로 아버지를 잃지 않았다면 그는 세계에서 최초로 비행기록계를 발명하지 못했을 것이다.

'위기는 기회다'

시련은 기회와 함께 다가온다. 성공자들은 시련이 다가왔을 때 절대 두려워하거나 물러서지 않았다. 오히려 시련을 성공을 향한 도약대로 삼았다.

긍정적인 사고로 시련을 맞는다면 분명 성공의 계단이 될 수 있다. 시련이 다가왔다는 것은 지금 하고 있는 일에 문제점이 있다는 것을 뜻하는 것이다. 뿐만 아니라 초심을 잃지 말라는 경고 메시지일 수도 있다.

중요한 것은 시련 속에 반드시 몇 배의 보상이 감추어져 있다는 것이다. 마치 가시로 뒤덮여 있는 밤송이를 깠을 때 드러나는 알밤과도 같다.

시련을 맞이하는 자세는 여러분에게 달려 있다. 시련을 피해 달아날 수도 있고 당당하게 시련과 맞서 싸울 수도 있다. 시련을 피해 달아난다면 당장은 어려움에서 벗어날 수 있을지 모르지만 시련은 머지않아 다시 찾아올 것이다. 인생은 우리가 제대로 배울 때까지 내버려두지 않기 때문이다.

행복한 삶을 살고 싶다면 시련을 피하지 말아야 한다. 오히려 당당하게 맞이해서 성공을 향한 기회로 변화시켜야 한다. 시련을 극복한다면 자신은 그만큼 성숙해진다는 것을 깨달아야 한다. 인생의 값진 성공은 삶이 주는 숙제인 시련을 견뎌냈을 때 주어지는 것이다.

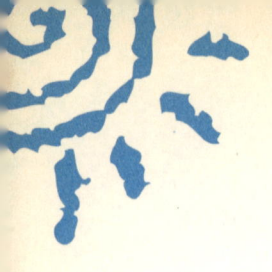

성공자들의 습관, 메모

• 생각에 뼈와 살을 붙여라

성공자들 중에는 메모를 즐겨하는 사람들이 많다. 메모는 순간적으로 떠오른 창의적인 생각이나 아이디어를 공중으로 사라지지 않게 해준다. 심리학자 어빙하우스의 망각이론에 따르면 보통 사람들은 20분이 경과하면 초기기억의 50%정도를 망각한다고 한다. 따라서 메모하는 습관만 들여도 자신의 능력을 배가시킬 수 있을 것이다.

내가 아는 어떤 사람은 메모를 많이 하는 사람을 보면 기억력이 나쁜 사람으로 오인하곤 한다. 그래서 그는 항상 메모를 하지 않고 머릿속에다 저장한다. 그러다 종종 급하거나 중요한 연락

처와 같은 사항을 잊어버리곤 쩔쩔 매게 되는 것이다. 메모는 머리가 나쁘거나 기억력이 낮아서 하는 것이 아니다. 오히려 머리가 좋은 사람들이 메모를 하는 것이다. 메모를 하게 되면 그만큼 뇌는 더 많은 것들을 기억할 수 있기 때문이다.

올바른 메모는 어떤 생각이 떠올랐을 때 그 생각이 스쳐 지나가지 않도록 곧바로 수첩에다 옮기는 것이다.

송일국 씨는 생일과 결혼기념일 등 각종 기념일을 꼼꼼히 챙기는 자상한 남편이다. 그래서 때때로 그가 퇴근하면서 꽃이나 케이크를 사들고 오면 아내는 놀란 표정으로 이렇게 묻는다.

"오늘이 무슨 날이에요?"

그러면 그는 다정하게 웃으며 말한다.

"우리가 처음 키스 한 날!"

각종 기념일을 아내보다도 잘 챙기는 그는 메모광이다. 사소한 일이라도 일일이 메모하는 습관을 가지고 있기 때문에 빠트리는 적이 없다. 그의 수첩에 보면 그동안 연애하면서 아내와 함께 놀러갔던 곳, 함께 본 영화, 싸웠던 일 등이 고스란히 기록되어 있다.

메모는 어떻게 활용하느냐에 따라 단순한 기록이 되기도, 훌륭한 자료가 되기도 한다. 또한 평범한 인생에서 장밋빛 인생으로 변화시켜주는 마법을 부리기도 한다. 메모 방법에 있어 정답은 없지만 효율적인 메모를 위한 방법을 간략하게 제시하겠다.

이대로만 해도 많은 도움이 될 것이다.

업무를 시작하기 전에는 머릿속을 정리하는 것이 좋다. 그날 처리할 일이 무엇인지 정리하고, 그 일들의 우선순위를 적어 놓으면 업무 간격이 줄어들어 하루의 시간을 효율적으로 보낼 수 있기 때문이다.

용도별로 메모 하는 곳을 달리하라. 하루의 일과는 수첩에 정리하고 해야 할 일을 알아보기 쉽게 적어 놓고, 했던 일도 시간별로 적어 둔다. 그날 일정 하단 부분에는 자신의 생각을 적어 놓으면 많은 도움이 된다. 이렇게 메모하기 위해서는 다이어리가 적당하다. 한 눈에 일목요연하게 확인할 수 있기 때문이다. 즉시 적어놓지 않으면 잊어버리는 사안이나 아이디어는 포스트 잇을 사용하면 편리하다. 눈에 잘 띄는 곳에 보기 좋게 붙여 놓았다가 시간 날 때 정리하면 되기 때문이다.

직장인이라면 보고서와 기획서를 위한 메모도 잊지 말아야 한다. 세미나 회의, 업무수행 결과를 보고하기 위해선 메모가 필수이다. 무엇보다 보고서에는 '목적'과 '성과'가 한 눈에 드러나야 하기 때문이다. 세미나에 참석했다면 받아 놓은 자료 위에 목적과 내용, 구체적인 성과, 주요 출석자와 그들의 발언내용, 느낀 점 등을 정리해 놓아야한다. 핵심만 기록한 보고서는 바로 이렇게 핵심만 체크해 놓은 메모로부터 시작된다.

기획서를 작성할 때는 미리 주제와 아이디어를 메모하는 것이 좋다. 먼저 전체의 흐름과 결론을 작성하는 메모를 해놓은 뒤 레코더를 이용해 음성 녹음을 하면 편리하다. 머릿속에서 떠오르는 생각을 따라가려면 종이에 메모하는 것보다는 레코더를 이용하는 게 더 효율적이다. 쓰려는 생각을 버리고 자연스레 이야기를 하다 보면 좀 더 창의적인 아이디어가 나올 수 있기 때문이다.

에디슨은 16살 때부터 세상을 떠날 때까지 평생 1902건의 발명특허를 얻었다. 이는 한 달에 한 건 꼴로 발명을 해내는 전무후무한 기록이다. 그의 연구실에서 발견된 발명 메모가 무려 3,500가지가 넘는다고 한다. 그는 발명왕이기 전에 '메모왕'이었다.

성공하려면 반드시 메모하는 습관을 들여야 한다. 사람들은 정말 좋은 아이디어를 많이 갖고 있다. 또 때로는 기발한 생각을 하기도 한다. 누구나 '저건 내가 옛날에 생각했던 건데……' 하는 생각이나 말을 해 본적이 있을 것이다. 그런데 어떤 사람은 그걸 실현하고 어떤 사람은 머릿속에서만 맴돌다 사라진다. 그 작은 차이를 가져오는 것이 바로 메모하는 습관에 달렸다.

아주 작은 생각이라도 일단 적어보고, 다시 그것을 나중에 보면 여러분의 첫 번째 생각에 대한 스스로의 재고와 다른 생각을 덧붙일 수 있게 되고 그 만큼 당신의 아이디어는 성장하게 된다. 더구나 어느 정도 의견이 정리되어 그런 문제에 대하여 생각이 있는 사람과 의견을 교환한다면 그 최초의 간단한 아이디어는 더 성장할 수 있는 힘을 갖게 되는 것이다.

언젠가 사회적으로 성공한 사업가 한 분이 텔레비전 프로그램에 나와서 직장인 방청객 50여명을 두고 강의를 한 적이 있었다. 그런데 강의 도중에 그가 말하기를, "자, 여러분, 주위를 둘러보세요. 지금 제가 열심히 말을 하고 있는데 메모를 하는 분은 아무도 안 계시는군요. 제가 하는 말 중에는 정말 여러분에게 도움이 될 수 있는 이야기도 있을 터인데 말입니다" 하고 이야기 하는 것을 들은 적이 있다.

아주 사소한 생각이라도 반드시 적는 습관을 가져야한다. 적을 때 그 생각은 뼈와 살이 붙어 자기 것이 되는 것이다. 그리고 때로 그 사소한 생각이 성공을 가져다주기도 한다.

여러분 오늘 당장 문방구에 들러 작은 수첩을 마련하라. 그리고 생각이 머리를 스쳐 지나가기 전에 여차 없이 메모하자. 그리고 버스나 지하철, 은행에서 순서를 기다릴 때 작은 생각이라도 메모해야한다. 지금 당신이 하는 작은 메모가 훗날 어떤 성공으로 다가올지 아무도 알 수 없다.